子どもの将来は「親」の自己肯定感で決まる

根本裕幸

実務教育出版

プロローグ

「子どもを育てる自信がない……」と悩むあなたに

この本は、子育てにおいて「壁」を感じている人が、その壁を乗り越えることができるようになる本です。いわば本書は、壁を壊す「ハンマー」です。

皆さんは、自分のお子さんは自己肯定感（今の自分を好きと思える感覚）が高い方だと思いますか？　それともあまり自信がなく、低い方だと思いますか？

私は「親が見本」「子は親を見て育つ」という考え方から、「子どもの将来を左右する自己肯定感は、親自身のそれに比例する」という見方をしています。ですから、子育てには何よりも親の自己肯定感が重要だと考えているのです。

皆さんは日頃、こんなふうに思うことはないでしょうか？

- □ **自分は愛情が薄い親だと思う**
- □ **もっといい母親・父親にならなければ、と思う**
- □ **子どもには笑顔で接したいのに、いつもつらい顔をしてしまう**
- □ **よくほかの家と比べて「○○さんのところみたいにできていない」と思う**
- □ **本やネットなどの子育て情報に振り回されやすい**
- □ **もともと自分に自信のないタイプ（自己肯定感が低いタイプ）だ**
- □ **子育て中にも周りの人や親の目を気にして、振り回されてしまう**
- □ **こんな自分に育てられる子どもの将来が心配になってしまう**
- □ **子育て中に、どうしていいのか分からなくなることがよくある**
- □ **誰かに頼ることがもともと苦手で、何かとひとりで頑張ってしまう**

この本は、そんな皆さんのために書き下ろしました。

以前、私が主催したセミナーで、一人の女性の参加者が私に相談してきました。

「今、6歳と3歳の娘がいるんですが、どうしても上の娘のことが愛せなくて、ついつらくあたってしまうんです。昨日もちょっとしたことで怒って、娘を泣かせてしまって。ほんとにダメな母親で……」と、涙ながらに語ってくれました。

それを聞いた私は、真っ先に「そうなんですね。あなたはいいお母さんですよ。そんなにも娘さんのことを愛していらっしゃるんですから」とお伝えしました。

その方は「えっ?」という顔をして私の方を見ています。

「いや、あの……そうじゃなくて、愛せないんです」と言う彼女に私は、「愛していないのなら、なぜ、そんなに罪悪感を覚えて自分を責めてしまうのですか?」とお聞きしたのです。すると彼女は頭の中に「?」が渦巻いているのがありありとわかる顔で、またしても私の顔をみつめています。

「もしあなたにお子さんに対する愛情がなければ、つらくあたった時に、そんなに自分を責めることはないでしょうし、自分をダメな母親だと思うことはないはずです。きちんと愛したいのに、それが自分の思う通りにいかないからこそ、そう思うんです。『娘につらい思いをさせている』とおっしゃいますが、あなたも十分つらい思いをされているのではないですか」

そんな話をしたところ、彼女は涙を流しながら頷いていました。


一方、お父さん方からお伺いするお話も、「妻や子どもに◯◯してやれなくて申し訳ない……」という「家族への罪悪感」に関する話ばかりです。

「仕事が忙しくて十分遊んでやれない」

「妻に子育てを押しつけて、自分は何もしていない」

「もっといい生活をさせてやりたいのに、これしか稼げない」

同じく私はそんなお話を聞くたびに、「あなたの中にはちゃんと愛があるんですよ。だから、罪悪感を覚えてしまうんです」という話をさせていただきます。


最近は「イクメン」という言葉がもてはやされていますが、裏を返せば、それくらい日本のお父さんが長らく子育てと距離を置いていた証拠です。「子どもを育てるのは妻の仕事」と言われていたのは昔の話ですから、今の時代、子どもに関われないお父さん方はそれだけで罪悪感を覚えてしまうのかもしれません。

皆さんが同じように子どもを育てていく上で、自分の態度を責めたり、子どもたちに罪悪感を覚えたり、もっとこうしなきゃいけないのに！　と自分を叱咤したりすることがあるならば、それは間違いなくお子さんへの愛があるからです。理想のママ・パパを目指すのも、子どもをどう育てていけばいいのかを悩むのも、子どもの将来を危惧するのも、すべてお子さんへの愛からなのです。

私たち夫婦にも、15歳と8歳のかわいい子どもたちがいます。

私も日々妻に子育てを押しつけてしまいがちなので「罪悪感」をたくさん抱えているのですが（苦笑）、妻もその愛情の深さから「自分はちゃんとしてない、ダメな母親だ」とよく自己嫌悪していました。

しかし、そうして「母親に向いてない」と言いながらも子どもたちの話をしっかり聞き、仕事で不在がちな父親（つまり私）の悪口もほとんど言わず、そして、子どもたちの意志を尊重して自由にさせている、愛情深い母親だと思っています。
でも、本人たちはなかなかその愛に気づけないんですよね。

本書は独身の方でも気軽に読めるように、とあるスナックを舞台にした小説風の設定にしています。私も父親としてはまだまだと思うことが多いので、著者であると同時に読者の一人として、関西弁のママにあれこれと教えを請いながら（説教されながら？）話を進めていきたいと思います。

本書を読み終えた時、厳しいけれど愛情深いママの言葉を受け止めながら、皆さんが自分の中にある「愛」に気づき、その「愛」に自信を持つことができるようになることを願ってやみません。

それが自らの自己肯定感をあげ、さらにはお子さんの自己肯定感をしっかりしたものにしていくのです。

根本裕幸

本書の登場人物

ママ

年齢・本名不詳。「スナック　おかん」のママ。バリバリのダミ声関西弁が特徴。夜以外にも、昼間にはカラオケ店として店を開けている。巨漢であり、適当でズボラ。よく酒を切らすにもかかわらず、お客に買いに行かせたり、お皿を洗わせたりする。しかし人生論やアドバイスは的確で、常連客には「占いよりためになる」と、老若男女問わず愛されている。

新藤

スナックの常連客。
小沢と同じくサラリーマン。

小沢

スナックの常連客。サラリーマン。
中間管理職。

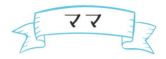

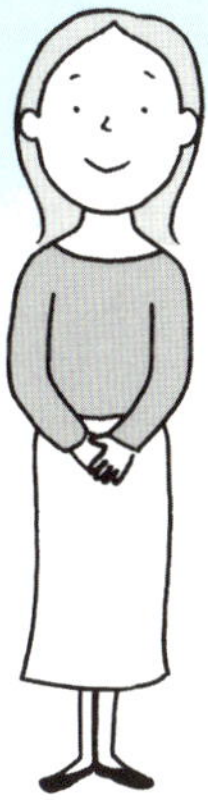

多江

37歳。二児の母。有名大を出て会社勤めをしたのち、結婚退職。大阪暮らしだったが、夫の賢一の会社の倒産により、自宅を売り払い、東京の実家近くに越してきた。生活苦のためパートをしている。もともと厳しい親の言うことを素直に聞く優しい女性だが、その分自己肯定感が低く、東京でよその家庭と生活ぶりを比べてしまい、ますます引け目を感じている。

賢一

40歳。二児の父。現在はサラリーマン。普段は温和だが、酒を飲むと多江にあたるクセがある。大阪で20歳の時に立ち上げた会社が、まさかの倒産。妻の実家近くの東京に、夜逃げ同然で移り住む。

志穂

8歳の娘。小学2年生。もともと明るかったが、東京に来てから関西弁を話すのが恥ずかしく、引きこもりがちになってしまった。

真太郎

5歳の息子。幼稚園児。多江の幼い頃にそっくりの素直な子。5歳児なりに、なんとなく家族がうまくいっていないことを感じている。

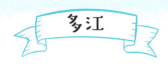

目次

プロローグ　「子どもを育てる自信がない……」と悩むあなたに　2

1　日本の子どもだけが突出して自己肯定感が低い事実、知っとる？　11

2　親の自己肯定感が、子どもに連鎖するんやで。　57

3　ウチが相談にのった親は、こんな感じで変わっていったわ。　107

4　子どもの自己肯定感を高める親の言葉がけって、あるんやで。　199

5　子どもの自己肯定感を高める親の行動も、知りたいやろ？　243

6　子どもと向き合い続けていくために大事なこと、教えたろ。　277

エピローグ　307

1

日本の子どもだけが突出して自己肯定感が低い事実、知っとる？

SNACK
スナック
おかん
OPEN
スナック
おかん

東京近郊の駅前商店街を抜けた住宅街との境目くらいにある、一見、何の変哲もないスナックは今日も常連客でにぎわっている。扉を開けると、ママのだみ声が店に響き渡っている。

ママ　あら、またボトル切らしてもうたわー。ごめん、高橋さん。ハイボール飲みたいんやろ？　せやったら、ちょっとそこの酒屋でウイスキー買うてきて。あ、新藤さん、ビールはそこから勝手に取ってくれたらよろしいわ。え？　コップ？　あら、洗い物がたまってもうてないわー。ちょっと、そこの適当に洗って使うてくれる？　ごめんなあー。

巨漢のママからあれこれ頼まれた客たちは「はいはい」と言って酒屋まで走ったり、厨房に入ってコップを洗い始めたりする。

小沢　しかし、不思議な店だよなあ。客をこき使ううえにロクな酒もツマミも置いてない。おまけに「経費削減や」の一点ばりでいつもママしかいないのに、こんなに賑わうスナックって。そういう俺も、なんだかんだ通っちまうんだけどな。

新藤　(自分で洗ったコップにビールを注ぎながら)そうなんですよねえ。なんか居心地がいいっていうか、安心感がある店なんですよね。なんだかんだ面倒見のいいママだし、いろいろ相談にのってくれるし……。小沢さんもこの間、ママになんか相談してましたよね?

小沢　店に入って来るなり「あんた顔色悪いなー。なんか悩みあるやろ? 話してみ」って言われてな。思わず、洗いざらい話しちゃったんだわ。だいぶすっきりしたよ。新藤くんも、なんかあったら相談してみるといい。そのへんのカウンセラーなんかより、よっぽど頼りになるよ。

ママ　あんたたち、何こそこそ話しとるん? ちょっと、あそこの新規のお客さんにこの水割りのセットと乾きもの、持ってってたげて。

小沢は「了解」と言うが早いか、慣れた手つきでお盆にウイスキーのボトルと氷と水、そして、柿ピーとスルメを載せて「お待たせしました！」と、店員顔負けの爽やかさで足取り軽く運んでいく。

ママ　ホンマ、今の大人はみんな自分に自信がなさすぎるんやわ。ちゃんと働いて会社の役に立って、家族も養っててんねやろ？　それだけやってるんやから、もっと胸張って生きとったらええねん。

小沢　そうは言ってもさ。責任は増えても給料は上がらないし、子どもらにはどんどん金がかかるし……先が見えなくて大変なんだよ。

自分に自信のない大人たち

ママと常連客がそんな世間話をしているとドアが開き、痩せた男がおそるおそる顔をのぞかせる。

ママ　はい、いらっしゃい。お客さん、一人？　今、カウンターしか空いてへんけど、かまへんやろ？　ここ座って。小沢さんの隣。

賢一　あ、はい……すんません。……ビール、もらってもいいですか？

ママ　ちょっと今、手離されへんから、そこの冷蔵庫から好きなの取って飲んでくれる？　コップは……新藤さんがまとめて洗うてくれてるから、そこから取って。

賢一　あ、はい。わかりました。

ママ　小沢ちゃん、何の話してた？　ああ、そうそう。大人が自信がない、いう話やな。（賢一を見て）あんたも自信なさげな顔してはるなあ。このへんに住んでんの？

賢一　ええ、妻の実家がこのへんなもんで。僕は大阪です。ママさんも関西ですよね？

ママ　そう、ウチももともと関西よ。店の名前でバレてるか（笑）。東京に来てから長いんやけど、全然言葉は変わらへんわ。あんたは、転勤か何かでこっち来たん？

賢一　はあ、ちょっと訳アリで……。借金もあって、頑張らなあかんのですけど。

ママ　うちにはそんな人ようさん来るけど、あんたは何したん？　会社でも潰したんか？　ガハハハ。そういや、名前聞いてへんかったな。

賢一　賢一って言います。でも、なんで分かるんですか？　ほんとそれなんすわ。会社やってたんですけど、不況のあおりでちょっと続けられへんようなってもうて。それで、嫁さんの実家に頼ることになったんですわ。

ママ　そんな顔しとるわ。会社潰してへとへとになるまで働いてるええお父ちゃん。子どもはおるん？

賢一 2人います。8歳の娘と、5歳の息子が。

ママ かわいいやろ？ ちゃんと世間渡っていける大人に育ててあげなあかんで。

賢一 そうなんですけどね……。もう、自分のことで手いっぱいで。娘はこっちに転校してきたんですけど、言葉が違うから周りの子にからかわれたりして、あんまりなじめてないみたいでかわいそうなんですよ。

ママ せやな、そら苦労するわな。子どもは案外、残酷なことするさかい。でも、それも親次第なんやで。今もこの人たちとそんな話しよう思うてたとこ。子は親を見て育つやろ？ 親が自信なげな顔しとったら、子どももそれ真似するようになんねんで。

賢一 そうなんですか？

ママ そらそうや。たとえば、あんたが大阪弁しゃべっとんのも、親がしゃべっとったからやろ？ もし、あんたの親が英語しゃべっとったら、今ごろあんたは英語ぺらぺらやで。そうやって、子どもは親の言葉を真似て育つねん。でも、真似るんは言葉だけや思う？ **モノの考え方や見方、価値観まで、何でも子ども**

は真似るねん。 せやから、親が自信なげにしとったら、それが大人やと思って、子どもまで自信なげになってしまうねんで。

小沢　たしかにそうだな。俺、親父のことあんまり好きじゃなかったけど、気づいたら親父と同じような人生歩んでるもんな。

ママ　そやろ？　今の日本は大人たちが自信がなさすぎるんよ。ウチなんかよりずっと立派なことしてんのに。でも、家族のため、会社のためって一生懸命働いているんやから、もっと自信を持ったらええんよ。

私たち日本人は諸外国に比べ「自己肯定感」が低いと言われている。この本をお読みの皆さんも、自分に自信がなかったり、世間体を気にし、周りの人と比べて落ち込むことはないだろうか？

謙虚さをよしとする文化だからか、日本人は他人を「ほめる」ことが苦手で、子ども時代に「親からほめられた記憶がない」という人も珍しくない。だから、自分の存在に価値を見出せず、「これだけ頑張ったら

認めてもらえるだろうか？」「自分みたいな価値のない人間は頑張ることしかできない」というふうにとらえ、ハードワークをするようになる。

しかし、どれだけ頑張ってもきりがなく、報われないことが多いのが現実。これではますます自己肯定感が下がるばかりである。もっとも「頑張っても報われない」というのは自己肯定感が低い時によく起こりがちであり、自己肯定感が上がると「何だか、頑張った分だけ報われている」という状態になっていく。

しかも、今はＳＮＳやネットでお互いがお互いを監視し合うようになっていて、ちょっとでもほかの人と違うことをすれば容赦なく叩かれ、炎上することも多い。

たとえば、電車の運転手さんはホームや線路で子どもたちが手を振ってくれても、笑顔で手を振り返してはいけないそうだ。それが「業務怠慢だ」と通告されるからだ。そんなふうに、よけいに周りの目を気にして窮屈になってしまっている大人が多いのではないだろうか。

「みんなと同じがいい」という、150年前から変わらない価値観

ママ　それにな、日本人って「みんなと同じがいい」みたいな価値観がずっとあるやろ？　少なくても明治以降はな。それが日本人のええところでもあるんやけど、ちょっとでも周りと違うことやろうとしたら、みんなで袋叩きにするやんか。今でいうたら炎上、ってやつやな。そしたら、周りの目を気にしながら「これはやってええんか？　これはあかんのか？」って気にしてばっかりになるわなあ。そしたら、みんな「自分」というものがなくなって、周りに合わせる人ばっかりになるがな。**「沈没船ジョーク」**いうのがあるん、あんたら知ってるか？

小沢　なんか聞いたことあるような……。

ママ　「タイタニックジョーク」とも言うねんけどな。豪華客船が沈没しかけとって、脱出ボートが足りひんねん。それで、船長は乗客を海に飛び込ませようとするん

やけど、乗客に対するセリフが国民性をよく表しとるって言われるわけや。たしかな、アメリカ人に対しては「飛び込んだらヒーローになれまっせ」って言うねん。イタリア人には「美女が泳いでまっせ」、フランス人には「飛び込んだらあかんで」、ドイツ人には「規則やから飛び込んでください」ってな。日本人には何て言うと思う？

賢一 **「みんな飛び込みましたよ」**ですか？

ママ ええカンしとるな。正解や。そんなジョークがまかり通るくらい、日本人は「みんなと一緒」にこだわる人種なんやな。だから、人と違うことをしようとか、抜きん出ようとか、そういう思いを自分で閉じ込めてしまうようになるんや。でも、みんなと一緒って価値観やったら、自信なんて全然持たれへよな。自信って「自分を信じる」って書くやろ？ **周りの人にばかり合わせとったら、その信じる「自分」がいなくなってまうやんか。**

個性よりも「全体」を見る評価基準

賢一　それって「個性がない」ってことですか？

ママ　そう思わへん？　自分が思うことを言ったり、やったりしたら人から叩かれるんやから、そら、みんなと同じようにしとった方が安全やろ。そしたら、何か意見を求められても、自分の意見を出すより、周りの人と同じ考えを探すようになるわな。みんな、嫌われるのは怖いし、否定されるのはしんどいから。

小沢　でも、それって「和を重んじる」って日本のいいところでもあると思うんだけど。

ママ　せやな。それはええことや。だからこそ世界に対抗できる国ができた、ともいえるしな。せやけど**反対に、個人個人よりも会社や組織の全体の方を大事にする国になってしもたと思わへん？**　それが、組織内の問題の隠蔽にもつながるわけやんか。会社で一人がいくら頑張っても会社全体の業績が上がらへんかったら、給料も据え置きや。そしたら、頑張る気も起きひんし、自然と事なかれ主義になるわな。そうすると、仕事ができる人より、上からかわいがられる人が出世するようになってまうし、和を乱す可能性のある個性的なやつは、組織からは弾かれてまうわけや。あんたたちも、そんな思いしたことあるんちゃう？

小沢　たしかになあ。俺みたいな中間管理職なんて、上と下と両方のご機嫌とりながら仕事しなきゃいけないもんな。会社の中でうまく泳いでいくことに精一杯で、自分の個性なんて考えたこともなかったよ。

賢一　僕は学校でも周りとうまくやれなくて、高卒で会社員になったんですけど、やっぱり浮いてもうたんですわ。これじゃあかんと思って、20歳で会社起こしたんですよ。当時はやり始めてたインターネット使った商売を考えて。初めは良かったんですけど、まあ、なんだかんだ首が回らんようになってもうて、会社潰しちゃって、今はこんなザマです。

ママ　そら、苦労しはってんなー。でもな、そうやって20歳で会社立ち上げて一旗揚げたろうっての、全然悪いことやないで。めちゃくちゃええチャレンジやんか。すごいことやで。でもな、今の日本は1回失敗しただけで「あかん奴」ってレッテル貼られてまうやろ? みんなと同じがいいって価値観やから、みんなと違うことやって失敗したもんを叩いてしまうねや。出る杭は打たれるってやつでな。ホンマはみんな、あんたみたいな人をもっと支えたらなあかんと思うねんけどな、ウチは。さんざん嫌な思いしてきたんやろ?

賢一 そうですね。今まで仲良うしてくれた取引先や社長仲間も、会社が危ないってなったら一目散に逃げていきよって、あることないこと悪口言われて、ホンマにもう心が折れてしまいましてん。近所の目もきつくなって……嫁さんや子どもにもしんどい思いさせてもうて。借金のこともあるけど、「家族につらい思いさせるんやったら」って恥ずかしい話、夜逃げみたいなことしてこっち来ましてん。

ママ そうやったんや。でも、それだけあんたが家族のことを愛してる証拠やな。それに会社起こして切り盛りしてきた器量だってあんたにはあるんや。まだ若いんやろ? これからやで。これからナンボでも花開かせたらよろしいやんか。

そんなママの話を聴いているうちに、賢一の胸には込み上げてくるものがあった。会社が傾き始めてからの取引先や銀行や従業員たちの「あの人はもう終わった」という冷たい目。ご近所さんからのいわれのない悪口。そして、日に日に笑顔がなくなっていく妻と子どもたち。

そんな中、ひたすら罪悪感に押し潰されそうになり、自分を責め続ける日々。東京に来てからも人目が気になって、ずっとみじめな思いをしている自分に改めて気づき、深いため息が出てしまう。

ママ あんたもさんざん苦労してきはったと思うけどな。まあ、その心の内にあるしんどいもんはウチが聞いたるから、いつでも吐き出したらええわ。

「ルール」と「システム」でがんじがらめの子どもたち

多江は今朝も、娘の志穂が学校に行きたくないと駄々をこねるので、つい怒鳴ってしまった。予定通りに娘が学校に行ってくれないと、真太郎を幼稚園に送った後のパートに遅刻してしまう。だから、朝はいつも戦争だ。しぶしぶ家を出た娘にため息を漏らしつつ、同時に罪悪感も覚える。かわいそうなことをしていると思うし、その姿を見て真太郎が委縮してしまうのも分かるのだが、どうしても止められない。

そんなことを考えながらパートを終え、さびれた商店街を通りかかると、スナックらしき店のドアが開いていることに気づく。手書きの汚い字で「ランチやってま〜す!」と書いてある。家計のために外食はしないようにしているが、このまま家に帰るのも気が重い。たまにはいいか、と思い、その店に足を向けた。

ママ　いらっしゃーい。

多江　あの、ランチまだありますか？

ママ　はいはい。何でもありまっせ。こんなヒマな店やからねえ。一人？　じゃあ、カウンターでええよな。どうぞー。

　怪しげな巨漢のママに一瞬ひるみながらも、もう入ってしまったし……と思い直し、カウンターに座る。昼の一時を過ぎた店内に、客は誰もいない。このところあまり食欲がないので、きつねうどんを注文する。バタバタと冷凍庫からうどんを取り出してお湯を沸かし始めるママを見て味は期待できないな、と察する。

ママ　あら、あんただいぶ疲れた顔してはるなあ。おおかた、家計のやりくりと子育てに疲れ果てた主婦ってとこちゃう？

多江　えっ？　なんで分かるんですか？　占い師みたいですね。

ママ　そりゃ、この商売何十年もやってりゃ、見ただけでだいたいのことは分かるさかい。平日の昼過ぎのスナックにそない疲れた顔して入ってくるんやから、当てるのは簡単やで。はいどうぞ。あったかい出汁が身に染みるで。ま、そこのスーパーで買ってきたもんやけどな。

きつねうどんの出汁を一口すする。たしかにありきたりで簡単なものだけど、誰かにご飯を作ってもらうなんていつ以来だろう？　と思うと、その温かい出汁がじんわり体に染み込んでいって、少し心が和む気がした。

ママ　お、ええ顔になったやんか。ホンマはあんた、明るくて社交的な子なんやろ。そやのにそない疲れてるってことは、今よっぽど大変なんやろな。

ぐいぐい来る関西のノリはかつて大阪に住んでいた頃は苦手だったのに、今はなぜか懐かしく、嬉しい気持ちになる。そういえば、こっちに来てからは近所の目を気にしてあまり誰とも話すこともなかったことに気づく。

多江　ここのところ毎朝、小2の娘とバトルになっていて。こっちに越してきてからなじめないみたいで、なかなか学校に行きたがらないんですよ。下の子を幼稚園に送って行って、そのあとパートに行くので、時間通りに動いてもらわないと困るんですけど。でも、ぐずぐず言って動かないので、今朝も怒鳴り散らしてしまって。いけないと思っていてもつい……。ダメな母親ですよね。

ママ　何言っとんの。立派な母親やないの。子ども二人育てて、学校まで行かせて、パートもやって、家事だってあんた一人でやってるんやろ？　そら、えらいわ。旦那は手伝ってくれへんの？　親とかも、近くにおらんのかいな。

多江　夫は借金を返すために朝から晩まで働き詰めで。子どもたちが起きる頃にはもう家を出てるんです。夜も遅くて、休みもほとんどないので。だから私が一人で頑張らないといけないんです。実家は近いんですけど厳しい親で、頼ろうにも「甘えたこと言うな」って突き放されるんです。それに、こちらに来た事情が事情なので、親は世間体を気にしてあまりうちと関わりたくないみたいなんです。

ママ　あら、それはホンマ大変やね。なんで娘は学校に行きたがらへんの？　いじめられてたりするん？

多江　私たち、去年大阪から引っ越してきたんですけど、言葉が違うとかで学校でからかわれているみたいで。もともと明るい子だったんですけど、それですっかりふさぎ込んでしまったんです。でも、やっぱり学校には行かせないと。私もパートがあるので、家にばかりいられないし。

ママ　あら、なんか昨日似た話を聞いたなあ。旦那さんって、言いづらいけど、もしかして、会社潰して夜逃げしてきた人？

多江　えっ？　そうです。まさか、夫もこちらにお邪魔してたんですか？

ママ　そのまさかよ。たまたま昨日、あんたみたいにふらっと入って来はってね。ちょうどあんたと同じ場所に座っていろいろ話してくれたわ。いい人やけど、だいぶ苦労しはってる感じやったわ。家族にめっちゃ迷惑かけた、申し訳ない言うてたで。

多江　そんなことまで話してたんですか。お互い疲れて、最近はもうあまり会話もしてなくて……。よくは分からないですけど、どうも夫は誰かにだまされたみたいで、それで会社も家もなくしてしまったんです。

ママ　そうなんやなあ。いい人ほど馬鹿を見るもんやさかいな。ウチも、ずっとだまされっぱなしやで。ええ人やからな、ウチ（笑）。

多江　やっぱり面白い方ですね（笑）。ごちそうさまでした。いろいろお話聞いてくださってありがとうございました。お時間取らせてしまってすみません。おいくらですか？

ママ　いやいや、気にせんといて。見ての通りヒマな店やからな。あんた、このあと用事でもあるん？　もし良かったらコーヒーでも飲んでいかへん？　ウチ夜までヒマやから、話し相手がおった方がええねん。

多江　本当ですか？　すみません……。今日は夕方まで特に予定ないですけど、いいんですか。夜の準備とかあるんじゃないですか？

ママ　こないな店に、仕込みも何もあるかいな。足りんもんは常連さんに頼んで買うてきてもらうしな、洗い物かてウチより常連さんの方がうまいから、めっちゃ助かってんねん。ウチはここで適当に飲みもん作って、あとはお客さんとずーっとしゃべってるのが仕事。

多江　そんなお店なんですか（笑）。

ママ　お、いい笑顔やないの。ま、コーヒーいうてもインスタントやけどな。はい、どうぞ。ま、たまにはゆっくりする時間があってもええやろ。……ところで、何で子どもは学校行かなあかんのか、考えたことってある？

多江　え？　急に真面目な質問になりましたね……。やっぱり義務教育ですし、友達作ったり、大人になって社会で困らないように社会性を身につけたりすることは、学校でないとできないからじゃないですか？

ママ　ほな聞くけどな。**そんな義務教育受けて社会に出た、あんたやあんたの旦那さんはうまいことやっとんのかいな？**

多江　そう言われると、今はこんなですが……。でも、一応、私は大学を出て、出産するまでは会社で働いていましたし。夫は高卒ですが、起業して一時期はかなりうまくやっていましたし、今も会社勤めで頑張って働いてくれてますし。

ママ　じゃあ、幸せなんか？「ずっと幸せやった」って言える？

多江　そ、そう言われると……。**幸せとか、あまり考えたことないです。**

ママ　まあ、そうやろなあ。うまくいってる時はそれが当たり前やと思ってまうもんやし、立ち止まって「今、自分は幸せか？」とか考えることなんてあれへんわな。でも昔と違って、いい学校行って、いい会社入ることがその人にとって幸せかどうかなんて、もう言い切れへん時代やとウチは思うねん。

多江　たしかに、私はそれが当たり前だと思ってましたけど、改めて「幸せかどうか」って言われると、分からないかもしれないです。

ママ　勉強が好きで、ええ大学入って、ええ会社就職して、それが自分の幸せや、という生き方の人も多いと思うで。でも、それに合わへんようになってる人も増えてるとウチは思ってんねんな。今の子どもたちがかわいそうやと思うんは、いろんなルールとかシステムにがんじがらめになってもうてるやろ？　学校では先生の言うことを聞かなあかん。校則も厳しい。勝手なことをしたら怒られるし、親も呼び出される。授業をちゃんと受けられへん子はおかしな子や、って決めつけられるし、成績が良くないとダメやと思われる。音楽や絵の才能がある子もそれだけじゃあかん言われるやろ。数学が抜群にできても国語がダメやったら、国語をもっと勉強しなさいって言われるしな。そうやって、個性がどんどん削られるシステムになってると思うねん。

多江　でも、教育ってそうするしかないように思うんですが。

ママ　そうなんよ。**「とにかく学校には行かなあかん」という前提が、その子の個性やら人間性を潰してしまってる場合もあるんちゃう？　って**

ウチは思うてるんよ。学校終わったら、習いごとで放課後も予定がびっしりやんか。それで土日もほとんど休みがない子もおるらしいな。まるで働きづめのサラリーマンと同じやんか。今は社畜、いうらしいけど。

多江　たしかにそうですね。今はお金がないから子どもたちは家にいますけど、大阪にいた頃は英会話に、水泳に、塾に……ほんと忙しくさせてました。でも、うちの娘はそれを喜んでくれていたんですが。

ママ　もちろん、友達と会えるのが嬉しかったり、分からんことが分かるようになる、できひんかったことができるようになるのも喜びには違いないやろけどな。でも、**子どもにとって一番嬉しいんは、親が喜んでくれることなんやで。**テストでいい点とったら、あんたのとこに持って来るやろ？　ほめてもらいたいのと、それで喜んでるママやパパの顔を見たいからなんや。

多江　そうなんですね……。そんなふうに考えたこと、ありませんでした。

ママ　「学校に行かんでもええ」って言いたいんとちゃうで。今のルールやシステムがその子に合うてるかどうかは、ちゃんと親が判断せなあかん。そして、子どもたちは自分が好き好んで学校や塾や習い事に行ってるわけじゃなくて、そうすることで親を喜ばせたい気持ちから行くんやってことを覚えといた方がええと思うねんな。

選択肢が少ない学校、教育選び

多江　でも、学校には行かさないと、と思っちゃうんです。うちの子、もともと明るい子ですし、慣れれば友達もきっとたくさんできると思うんです。それに親が言うのもなんですけど、音楽とか絵とかで食べていける才能はないと思っているので、やっぱり学校に行って勉強した方が将来のためになると思ってしまうんです。

ママ　まあ、たしかに。今の日本は本当に選択肢が少ないからな。でも、最近はほれ、何ていうたかな。いろんな学校があるらしいで。

日本でも最近はフリースクールやオルタナティブスクールなど、選択肢が増えてきている。国もその存在を認める流れにあるが、実際はまだ「不登校児」として扱われるのが現状だ。欧米には「ファミリースクール」と呼ばれる、親が自宅で子どもを教育することが認められている国もあり、教育選択の自由度は日本に比べるとずっと高いと言える。
また、日本には海外では一般的な飛び級もないため、優秀な子もそうでない子も一律に進級するので、学校としては中くらいかそれより下の子に合わせて授業を行うことになる。そうすると、優秀な子は学力が伸びるチャンスを逃すまいと、塾に通わなければいけなくなってしまう。

多江 そうなんですね。全然知らなかったです。公立か私立かの選択しかないと思っていました。でも、やっぱり不登校になってしまうのも怖いですし、学校へ行かせないと、と思っちゃうんですよね。

ママ この店の常連さんに、中学の娘さんが不登校になったおっさんがおったんよ。相当悩んでるみたいやったけど、ウチは「放っとけ」って言うててん。「その気になったら勝手に行きよるで」って。本人はそれこそ、引きずってでも学校に行かせようとしたらしいわ。でも、娘さんは頑として拒んでな。結局親が折れたんや。もう好きにし、て。それで数か月くらいは引きこもり状態やってんけど、ある日突然、普通に学校に行き始めたんやって。昨日までのことがウソみたいにな。

ママ　そんなことってあるんですか? 不登校になったらそのままだと思ってました。

多江　そう思うやろ? **子どももな、子どもなりに考えてんねん。** 学校行かなあかんのはわかってる。勉強のこともあるし、何より親を心配させたくない。けど、どうしても行きたない。そんな葛藤をずーっと抱えてるんよ。見た目には分からへんけどな。知らんうちに親は親の価値観を子どもに押しつけてしまうねんな。それが子どものため、って思う大義名分でな。

ママ　(深いため息) おっしゃる通りです。子どもは何にも分からないんだからって、あれこれ押しつけてました。やっぱり私は悪い母親ですね。

多江　いやいや、それもちゃう。そう思ったらあかん。子どものことで悩むのも、学校へ行った方がええと思うのも、全部、子どものことを思ってのことやろ？　娘のこと愛してるからこそ、今朝もそないに怒鳴ったりしたんやろ？　それは何も悪くないねんで。あんたはええおかんや。あんたの旦那もええおとんや。家族のため、子どものために必死で頑張ってるやんか。悪い母親やって思うのはな、子どものことを愛しているからこそ出てくる言葉なんやで。もし、どうでもええ子やったら、さっさと放っといて遊びにでも行っとるわな。ちゃんと子どもに愛情があるっちゅうことは、絶対忘れたらあかんのやで。

多江　なんだか、泣けてきちゃいました……。そんなふうに思ったことなかったもので。夫の会社が傾き始めてから、ほんと子どもたちにはつらい思いをさせてきました。最後は無理やり転校することになったわけですし。下の子はまだ幼稚園だからいいですけど、上の子は友だちもいて楽しくやっていたのに、急にわけの分からないところに行くことになって。しかも、毎日私に怒られて……。

ママ　それが自分で分かるんやったら、あんたがええおかんの証拠やがな。それにな、忘れたらあかんことがあるんやで。もっと大事なことや。なにか分かるか？

多江　え？　何ですか？　夫のことですか？

ママ　ちゃうちゃう。あんたのことや。**少なくとも、あんた自身がめっちゃつらいってことや。**せやろ？　旦那の会社がつぶれて世間的に白い目で見られるんは奥さんや。東京に来て、実家の近くに住んだって、親に頼られへんのは孤独や。それでパートして借金返して、子どもたち育てて。そんなん、めちゃくちゃしんどいやろ。そんな自分をほっといたらあかん。もっと自分のことを大切にせなあかんで。あんた、ずっと一人で頑張ってきて、寂しかったんちゃうやろか。

多江　うっ……。

多江の目から大粒の涙があふれてきて、声にならなくなる。ずっと抑え込んできた気持ちがあふれ出しそうになるのを必死にこらえている。

ママ　我慢せんと、泣きたい時は泣いたらええんよ。あんた、家では気丈に振る舞って涙も見せられへんタイプやろ？　ほかのお客さんもおらへんし、ここはスナックや。拭くもんならようさんあるで。

ママにおしぼりを渡された多江は、そのまま堰《せき》を切ったように泣き出した。この数年で起きた生活の変化、世間の冷たい目、夫とのすれ違いの生活、子どもたちの不安そうな目……。そんな思いをずっと抱えてきたことに気づき、拭っても拭っても、涙がとめどなくあふれてくる。

「正しい自己肯定感」とは何か

しばらく泣くと、心がずいぶんと軽くなっていた。自分が辛かったこと、寂しかったことなんて全然気にも留めていない自分がいた。

多江　すみません、恥ずかしい姿を見せてしまいました。ママは何でもお見通しなんですね。なんだか、心が軽くなりました。

ママ　そらよかった。ウチは何もしてへんけどな。**しかし、あんた、ホンマ自己肯定感が低いんやなあ。**旦那もそうやけど、あんたもや。全然自分に自信ないやろ？　ええ大学出て、ええ会社で働いてきたわりになあ。自己肯定感が低い人は、自分を大事にできひんねん。自分を粗末に扱ってしまうとな、旦那も、子どもも大事にできひんようになってまうねんで。あんたはそこをちょっと意識した方がええかもしれへんな。

多江
「自己肯定感」って最近よく聞くんですけど、よく分からないんですよね……。
たしかに私は自己嫌悪が強くて、いつも自分はダメな人間だって思ってしまうんです。その逆の感情っていうことですよね？

ママ
まあな。でも、「自分は素晴らしい人間や」て思うことともちょっと違うねんな。
何年か前に流行った映画があったやろ？「ありのままの自分でいるの～♪」って歌が流行ったやつ。自己肯定感いうんはまさにそういう意味やねん。

自己肯定感とは、良い自分も良くない自分も「それが今の自分だ」と受け入れることを意味する。自分のいいところだけでなく、ダメなところ、できないところ、足りないところを否定せず受け入れることなのだ。

多江
ダメなところも受け入れる？　できないことも受け入れる？

ママ
せや。**あんた、よく周りの人や環境と、自分を比べたりせえへんか？**

多江　しますします。めちゃくちゃします。周りの家に比べてうちは貧しい、とか、あの人が当たり前にできてることが自分にはできない、とか、普通の母親だったらこうしてあげられるのに自分はできない、とか。

ママ　そういうことや。結局な、そうして周りの人と比べるんやけど、それって結局、自分を否定することにしかなってないねん。あれができてない、これが足りないってダメなとこばかり探すクセがつくやろ？　そしたら、どんどん自信が持てなくなってみじめになって、ますます自分のことを責めるようになってまうねん。

多江　それはもう、小さい頃からずっとそうでした。母親が厳しい人だったし、いつも周りの子と比べられてきたんです。それがクセになってしまってて。

ママ　そうするとな、ダメなところは探せても、ええところが全然目につかなくなるんや。そうするとさっきみたいに、子どもに大きな愛情を持ってたとしても、全然それに気づけなくなるわけよ。仮に気づけたとしても、全然その価値なんて認められへんねんけどな。**あんたにも価値はぎょうさんあるんやで。でも、それを認められへんかったら、自分は欠点だらけの人間やって思うこ**

となる。

多江　ええ、まさしく自分は欠点だらけで何のとりえもないって思ってます。

ママ　それは誤解や。間違いなんや。ホンマは素晴らしいところがたくさんあるんや。でも、それが自分で認められへんだけやねん。まあ、学校じゃそういうこともあまり教えてくれへんからな。ダメな自分でも、それが自分なんやからしゃあない、って受け入れることやねん。親も周りも「できること」より「できないこと」に目を向けるやろ？　できないことばかり探してたら、そら自分に自信なんて持たれへんわな。

多江　なかなか難しいですね……。でも、私もつい子どもたちに「できないこと」ばかり要求しているのかもしれないです。

ママ　ついつい「こうあらねば」って理想を求めてもうたり、完璧にやろうとしてもうたり、正しい答えを探してもうたりするとな、自己肯定感はめちゃくちゃ低くなんねん。つまり、**自己肯定感が低い親が子育てするってことはな、自己肯定感の低い子どもを育てるってことになんねや。**

「子は親を真似て育つ」という話は、ママがすでにしている通りだ。親が自分に自信が持てず、自己肯定感が低いままだと、子どもは無意識にそれを真似るようになってしまう。逆に言えば、子どもの自己肯定感を高く育てたいと思ったら、見本である親自身が自己肯定感を高く持っておく必要があるのだ。

子どもとの距離感を改めて考えてみる

多江　そ、それは……。たしかに「親を見て子は育つ」って言いますものね。なんか、私の子どもでかわいそうな気がしてるんです。無邪気でかわいい子たちなのに、私たちの都合であれこれ振り回したりしてしまって。

ママ　ホンマはそないなことないねんけどなあ。子どもは子どもで、ママやパパを助けようといろいろとしてくれてるんとちがう？　たとえばな、「いい子に育つ」というのも親を助けるためやねんで。「手がかからないように、親に迷惑をかけないように」ってな。小さい子どもでも、ちゃんと分かってるんや。

多江　そうなんですね。特に上の子が、私にすごく気を使ってるのが分かって申し訳ないんですよね。下の子は男の子だから何も分からずに無邪気に振る舞っていて、かわいいんですけど。

ママ　それは、明るく振る舞うことで家族を助けようとしてるんや、って思ってみ。お姉ちゃんがママに迷惑かけないようにしてるから、自分はピエロになろうって感じでな。そうやって役割分担してくれてると思たらええんちゃうかな。

多江　ああ、そうか。でも、それをどうしても申し訳ないと思ってしまうんです。私たちがちゃんとしてないせいで子どもたちにつらい思いをさせてる、って。それに周りの家と比べてうちはお金がないし、急に東京に越してきたからってみじめな思いをさせないようにしてあげたいんです。

ママ　ホンマ、あんたはそうやっていつも周りの目ばかり気にしてるんやなあ。そんな生き方、しんどいやろ。そんなふうに思ってたら、あれこれ口出しして過干渉になってしまわへんか？

多江　過干渉……。もしかすると私、ガミガミ言い過ぎなんでしょうか。私の母親も厳しい人であれこれ干渉されてきましたから、そんなふうにはなりたくないと思ってたんですが。でも、娘に学校のことで細かいことまで注意してしまうし、息子もだらしがないところがあるので、いつも小言を言っちゃいます。

ママ　子どもを愛しとるんは、もちろんええことや。ちゃんとあんたに愛情はある。それは間違いない。けどな、さっき「自分たちがちゃんとしてないせいで子どもらにしんどい思いさせてる」みたいなこと言うてたやろ？　それは「罪悪感」やな。

罪悪感があると常に子どもに対して「こんな母親で申し訳ない」という思いを抱くようになってしまう。そうすると子どもが何か問題を起こすと反射的に「自分のせいだ」と感じるようになる。そのため、子どもがそんな問題を起こさないように常に監視したり、あれこれ口出しした

りしてコントロールするようになってしまう。
そうすると、子どもは子どもで委縮して、ママの顔色を伺うようになってしまうのだ。このような罪悪感がもとで子どものことに意識が取られすぎ、子どもも親の表情ばかりを伺うようになる状態を特に「母子癒着」と言う。
中には、子どもが学校のテストで悪い点を取ってくるとまるで親自身が自分を否定されたように感じて落ち込んでしまったり、子どもの宿題を親がやってしまう状態を作ったりしてしまう。つまり、心理的に親と子どもの間に境界線がなくなってしまうのだ。

多江 罪悪感はそれはもう、すごくあります。娘が学校に行きたがらないのは私のせいだと思ってしまいます。

ママ 実際、そういう事情があるんやからしゃあないねんけどな、でも、そういう思いが強いと、自分が何とかしよう、何とかしなきゃって思うようになって過干渉になるんや。お互い自由じゃなくなって苦しい関係になってしまうんや。日本には、そんな親子ってめっちゃ多いねんけどな。

多江　でも、どうしたら……。

ママ　子どもらと**「ちょっと距離を取る」**ってイメージやな。もちろん心の中でやで。自分の時間なんて、ほとんど持ててへんやろ？

多江　ええ、家事にパートにほんと時間がなくて。

ママ　お風呂は一人で入ってるん？　寝る前に5分くらい時間とれへんか？

多江　ときどき子どもと一緒に入りますけど、最近は一人で入ることができるようになりました。寝る前の5分くらいなら時間作れます。

ママ　短い時間やけど、お風呂タイムはあんたの好きなように使うんや。寝る前の5分の時間も自分が好きなこと、やりたいことをやるんや。お茶を丁寧に淹れて飲むのもええし、体を動かすのでもええし、本を読むのでもええ。自分がやりたいこと、好きなことをする時間を作るんや。

多江　それくらいならできると思います。そういえば、自分の時間を作るなんて発想もなかったです。本当は本が好きなんです。絵本とか。子どもみたいですけど。あと、昔は絵を描くのも好きでした。

ママ　それなら、たまには絵を描いてみるのもええやんか。ノートにでもいいし。自分の時間を作るってものすごく大事でな。そういう時間作ってみ。それからよく効くおまじないがあるんや。**「私は私、子どもは子ども」**てな。子どもには子どもの人生があって、子どもは勝手に成長するし、勝手に大人になっていくんや。そうやって子どもたちとの間に意識的に線を引くことが大事なんやな。

多江　まだ二人とも小さいのに、そんなこと思ってしまっていいんですか？　ある程度大人になってからじゃないとダメかと……。

ママ　大丈夫やって。さっきも言うたけど、子どもたちは子どもたちなりに考えてるんやから。日本人は子離れが苦手って言われるけどな、大人になってからじゃ遅いんや。子どもの頃からある程度線引きして、子どもを信頼して任せることで、子どもの自立心は育つんやで。

ご存じの方も多いと思うが、海外では子どもをまず自立させようとする。1歳から一人で寝かせるところも珍しくない。それには賛否両論あるが、日本の場合は親が子どもの面倒を見過ぎる傾向にあるため、子離れ・親離れが遅くなり、いつまでも親に依存する子どもが増えている。

子どもはかわいいし、何とかしてあげたいという気持ちも分かるが、信頼して待つ、信頼して任せる、というのも子育てには大事なことではないだろうか？　その子の個性を尊重し、信頼した分だけ、子どもは自分に自信を持ち、高い自己肯定感を得ることができる。この信頼の大切さについては、あとでくわしく触れる。

子どもにどうしても期待してしまう親たち

多江　たしかにそうなんですけど、やっぱり「まだまだ子どもだから」って思ってしまうんです。それに、学校行かなかったら将来ロクな大人にならないと思いますし。人から後ろ指をさされるような子にはなってほしくないですから。

ママ　親は、子どものことがかわいいから幸せになってほしいって思うやろ？　そうするとな、自分が良かったことは子どもにそのまま押しつけるし、自分が良くなかったことはその反対を子どもに押しつけるようになるんや。

多江　どういうことですか？

ママ　あんた、いい大学出てるんやろ？　それは良かったと思うか？

多江　はい、悪くはなかったと思います。友達もできましたし、就職もしやすかったですから。でも、受験勉強は本当に苦痛でしたけど。

ママ　そうするとな、無意識のうちに「子どもにはいい大学に行ってほしい」て願望を持つようになるんや。つまり、学校にちゃんと行って、勉強もちゃんとして、て思うようになるんやな。あんたの親御さんも、厳しかったんやろ？

多江　ええ、いわゆる教育ママでしたし、しつけも厳しくて。だから、子どもたちにはそういう思いはさせたくないし、もっと自由にのびのび育ってほしいんです。

ママ　せやろ？　そういうことや。子どものことを愛してるからこそ、子どもにいっぱい期待してしまうんや。それで自分の価値観を押しつけてしまうんや。自分が叶えられなかった夢を子どもに叶えさせようとする親も珍しくないで。まるで子どもは親の所有物、みたいに思ってはんねんな。でも、それが子どもの個性に合うかどうか分からへんやろ？

子どものことを愛しているがゆえに、子どもに対して多くを期待してしまう。そこでは、自分自身の価値観を「良かれと思って」子どもに押しつけてしまうことも珍しくない。

また、最近では少なくなってきたが、いまだに「子どもは親の所有物」と考え、自分の思い通りにしようとコントロールして、子どもの個性を潰してしまう親も珍しくないようだ。

ママからの宿題

3ページのチェックリスト、スルーしてへんやろな？ もし、チェックがたくさんあったり、強く当てはまるところがあったりしたら、自分は子育てに関してはあまり自己肯定感が高くないと思った方がよさそうやな。まずは、そのことに気づくことだ大事なんやで。

チェックが終わったら、子どもに対して「これをしなきゃいけない」と思っていること、逆に、「こうしてはいけない」と思っていることを思いつくだけ書き出してみ。それが自分を縛っとる鎖やねん。それがたくさんあったら、自分も子どももきっと窮屈やな。それを手放そう、思うてみ。

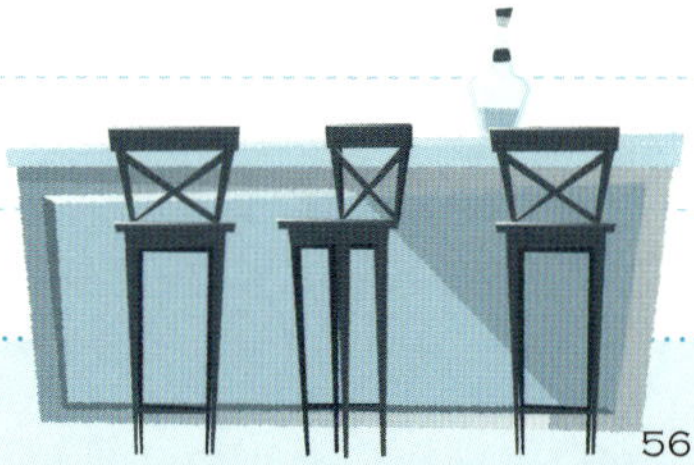

2

親の自己肯定感が、子どもに連鎖するんやで。

親の価値観が子どもに与える影響

「自分の価値観、子どもに押しつけてへん？」

店を出てから、多江はママから言われたその言葉をずっと考えていた。過干渉で厳しい母親は多江に「勉強しなさい」と言い続け、体調が悪くても「それくらい我慢しなさい」と机に向かわされた。そんな毎日は苦痛だったけれど、そのおかげでいい大学に入れたと思えば、そういう子育ても悪くないと思っていた自分がいる。

志穂が学校に行きたがらない時に無理やりでも行かせようとしている自分を思い出すと、それがかつての母親とそっくりな気がして気が滅入ってしまった。

「結局、お母さんと同じことを私はしてしまっているのか。あんなに嫌で苦しかったのに、同じ思いを子どもにさせていたのか……」

そう思うと、またむくむくと罪悪感が湧いてきた。自分を責める必要はないとママに言われたことなど忘れてしまったかのように、「こんな母親で申し訳ない。私は子どもを不幸にしている」としか思えなくなってしまった。

それと同時に、多江は母親がいつも家事を完璧にこなしてくれていたことも思い出した。

彼女は子どもの頃から片づけが苦手で、いつも母親に怒られていた。結婚して家庭を持ってからも、どこかしら散らかっていて、それがストレスになっていた。賢一はそんな多江を責めることはなかったが、多江は片づけもちゃんとできない自分をずっと責めていた。

お母さんが当たり前のようにやっていたことができない自分は母親だけでなく、妻も失格だと思い込んでいたのだ。

そういえば、母親は服にお金をかけなかった。「自分は家にいる人間だから」と、何年も同じ服を着ていた。同級生のお母さんはオシャレな人も多かったので、参観日には少し恥ずかしい思いをしたことを思い出した。

ふと自分が今着ている服を見ると、それがやはり何年も前に買った安い服であることに気づく。

「ここにもお母さんの影響が……？」

そう気づくと、これまた重たい気持ちが襲ってきた。

それと同時に、お母さんに対して言われようのない怒りの感情も湧いてきた。

自分の娘が困って実家の近くにいるのに、まるでやっかい者のような扱いをする母親に。

多江には反抗期がなかった。妹は激しく母親とケンカをしていたのに、自分はそんなことをする気にもなれなかった。だから今、自分が母親に対して強い怒りを覚えていることに少々驚いた。

深いため息をつくと、今日はもう何もやる気になれなくなっていた。少しでも節約するために、スーパーの特売品ばかりを買う生活にも疲れてしまっている。

そうだ。今日は久々に子どもたちを連れてファミレスか回転ずしに行ってみようか。いつも押さえつけてばかりでは子どもたちもかわいそうだし、自分もつらい。夫はたぶん遅くなるだろうから、何か持ち帰りを買えばいい。

そう思うと心が少し軽くなるどころか、ウキウキし始めた。

母親が子どもに与える影響

ママ　お、いらっしゃい。昨日、あんたの奥さん、お昼に来はったで。

賢一　そうらしいですね。昨日、うちに帰ったら珍しく寿司詰めが置いてあって。回転ずしに行ったらしいです。いつもはバタバタしている妻がこれまた珍しくニコニコしてて、何かあったのか聞いたら、この店に来たと聞きました。いろいろ話を聞いてもらったみたいで、ありがとうございます。

ママ　そうなんや。ウチは何もしてへんけど、奥さんが笑顔になるんが一番ええことやからな。子どもたちも喜んどった？

賢一　ええ。私が帰った時はもう二人とも寝てたんですが、朝、起きたら二人とも「あれが美味しかった、これが美味しかった」って、嬉しそうに話してくれました。

昨晩、賢一が家に帰ると、妻はお茶を飲みながらテレビを観て笑っていた。いつも疲れた表情をしていた妻が笑っているのは久しぶりな気がしたのだ。

「あなた、ママさんのお店に行ったんでしょ？」と唐突に切り出され、びっくりしたのだった。お金がないのに飲みに行ったことを責められると思い、思わず「ごめん」と言ってしまったのだが、多江は責めるそぶりも見せず、「なんか私たち、頑張り過ぎてたみたい」と、ママとしたという会話を話してくれた。

そして、自分が母親から強い影響を受けてきて、今もその母親に縛られていることなどを語ってくれたのだ。

それを思い出した賢一は、ママに聞いてみたいことがあった。

賢一　やっぱり母親って、子どもに大きな影響を与えるものなんですね。

ママ　そりゃそうやで。なんせ、お腹の中にいる時からのつき合いやし、生まれてからも一番そばにいる存在やろ？　言葉かて、近くでしゃべってるオカンから学ぶことがほとんどやん。そしたら、オカンの価値観や考え方をまんまコピーするようになるやんか。あんたの子どもが時々、奥さんそっくりに見える時はあらへんか？

賢一　あります。あります。ちょっとモノを散らかしてると娘によく怒られるんですけど、その怒り方が妻そっくりでドキッとすることがあるんです。

ママ　せやろ？　そんなふうに、オカンのことをあれこれ真似して大きくなるのが子どもなんや。

「胎内記憶」で有名な産婦人科医・池川明先生の講演会で、「お母さんの子宮の中にマイクを仕込んで録音した音源」を聞いたことがある。そこにはお腹に語りかけるお父さんの声がはっきりと聞こえていたばかりか、お母さんがハミングする声がとても大きく響いていた。ハミングなんて、とても小さい声のはずなのだが。

つまり、胎児にはお母さんの話す声も周りの人たちが話す声も、ちゃんと聞こえているのだ。

もちろん、その言葉の意味は分からない。しかし、楽しそう、怒っている、悲しそう、などの感情は確実に伝わっていると考えていいだろう。

そうすると、私たちは胎児の頃から、お母さんの価値観や思いを受けて成長してきたことになる。つまり、人間として成長していく上で、その土台となる価値観や考え方のほとんどはお母さんから受け継ぐと思っていい。

さらに言えば、コミュニケーション能力も母親との関係で培われる。母親が話をよく聞いてくれる存在であれば、その子は他人に対しても自分の意見を言える子に育ちやすいが、逆に母親がいつも否定的だったり、話を聞いてくれなかったりすると、人とのコミュニケーションを難しくとらえてしまう場合が多い。

また、そうした母親との「距離感」が他人に対する距離感のベースになる。

たとえば、母親が心配症で子どもにあれこれかまっていると、その子と母親との心理的距離はとても近くなる。すると、他人とも距離を必要以上に縮めようとしてしまったり、少し距離があるだけでつながりが感じられず、寂しさを感じてしまうようになる。

一方、母親が多忙だったり、子どもに興味がなかったり、放任主義だったりして、母親との距離が離れていた子の場合は、人との親密感を苦手に感じる傾向にある。

賢一　そしたら、母親って責任重大ですね……。

ママ　せやな、めっちゃ大事な存在やな。でもな、そやからって別に神経質になる必要なんてあらへん。人間なんやから嬉しい時、悲しい時、むかつく時もある。それは自然現象や。だから、頑張ってゴキゲンでいる必要なんてないと思うねん。何より、自然体でいるのが一番ええと思うで。

子どもは、親が思う以上に親のことを見ている。育児書などで「子どもの前ではできるだけ明るく元気に振る舞おう」みたいに書いてあって、頑張ってその通りにしようとしている母親もいるが、そんなことはすでに子どもにはバレていると思っていいだろう。

「私を悲しませないように、お母さんは無理して笑ってくれている。だから、私も楽しいフリをしよう」とまで、子どもは考えることができるのだ。

ママ

でもな、大事なんは**「なぜ、そんなにも子どもは母親を真似するか？」**や。それはな、それだけママのことが大好きだからなんよ。大好きな人のことって、真似したいと思うやんか？　昔は聖子ちゃんカットとかアムラーとか言ったよな？　だから、ママたちは「自分のことをこんだけ愛してるから真似るんや」ってちゃんと受け取ることが大事やと思うで。奥さんにもそれ伝えといてな。

よくママたちから「私の嫌な部分まで真似ちゃって、嫌な子」なんて話を耳にするのだけれど、子どもは善悪の区別がなくて、大好きなママを丸ごと真似したいと思っているだけなのだ。ママ自身が「自己嫌悪」しているからこそ、子どもが見せるその部分を嫌悪してしまっているにすぎないのだ。

だからこそ、何よりも「子どもから愛されていることに自信を持つ」こと、それがすべてのママにお願いしたいことである。

父親が子どもに与える影響

賢一　それだけ母親の影響が大きいものなんですね。そうすると、相対的に父親の影響は小さいものなんですかね？

ママ　せやな、父親は仕事に行ってて家にいることが少ないやろ？　そしたら、接する時間も少ないし、影響力ってのは必然的に小さなるわな。うちのお客さんでな、毎日仕事仕事で忙しくしてて、土日しか家にいてない人がな、子どもから「ときどき家に遊びに来るおじさん」って思われてたらしくてショック受けてはったわ（笑）。

賢一　えー、そんなことあるんすか。でも、僕もずっと仕事ばかりしていたので、子どもは全然なついてくれてませんね。家族のためにそれだけ働いてるのに、虚しいですわ。

ママ　そんなこと、子どもには分からへんやん。子どもにとっては接してる時間がすべてやから。陰で頑張って家計を支えてるなんて知らへんしな。ママの言うことは聞くけど、パパの言うことは全然聞かへん子どももいてるけど、そりゃあ、ふだんあんまり関わりのないおっさんから何か言われたかて、子どもからしたら「あんた何なん？」てなもんやで。

賢一　そしたら、父親なんておらんでもいいって話になってしまいますよね……。

ママ　まあ、そう思うのもしゃあないわな。けどな、**おとんには大切な役割があんねん。それは「社会人代表」や。**特に、子育てに忙しいお母ちゃんにとって、社会との接点って旦那だけやんか。そやから、夫婦で会話する暇もないって家庭はな、みんな奥さんが社会的に孤立してしもて、孤独感をひどく抱えるんやな。だから、奥さんの話を聞いてあげたり、二人で過ごしたりする時間がものすごく大事なんや。それがないから、奥さんはますます子どもにかかりきりになって、夫婦の溝がどんどん開いてまうんやな。

たとえば、虐待とまではいかなくても子どもにひどい接し方をしてしまうママたちは、社会的に孤立して不安を抱えていることが原因のひとつと言える。もちろん、ママ自身もひどい自己嫌悪と罪悪感に苛まれ、自分自身をひどく否定してしまうので、ますます子どもにきつくあたってしまうようになる。

だから、そんなママを救う手立ての一つが夫婦の時間だ。話をしたり、出かけたり、もちろん、セックスをしたりする時間は、奥さんを「ママ」から一人の大人の女性に戻してあげる貴重な時間となる。

最近では、平日の夜や休日に子どもの面倒を引き受けてママに自由時間を作ってあげる「イクメン」も増えてきているが、それは素晴らしいことだと思う。また行政もそうした孤立したママを作らないように、ママ同士のつながりを築く手立てを講じているところもあり、積極的に利用したいところだ。

つまり、「ママを孤独から救う」というのは、父親の大切な役割のひとつなのだ。

ママ　それにな、パパが社会人代表ちゅうことは、「大人になったらこうなる」いう姿を子どもに見本として見せてあげてるいうことでもあるんや。たとえば、あんたが仕事に行く時、どんなふうに出かけてる？

賢一　正直、今の仕事は借金を返すことが目的ということもあって、あんまり楽しくないんです。それに家族につらい思いをさせてる後ろめたさもあるので、どうしても重たい足取りになってしまいますね。

ママ　その姿を見て、あんたんとこの子どもたちは「早く大人になりたい！」って思うかな？

賢一　えっ？　あ、いや、そうは思わないですよね、きっと。そうか、そんなふうに考えたことなかったです。

ママ　じゃ、仕事から帰ってきた時はどない？「疲れた～、しんどい」とか言うてないか？

賢一 あ、いや、言うてしまいますね。「ホンマ、今日も大変やったわ」ってついついボヤいてまいます。そうか、それも子どもたちが見てるってことですよね？

ママ そうや、そういう姿を見たら、子どもたちはどう思うかな？　仕事ってこんなに大変なんや、あのお父ちゃんでもつらいもんなんや、って思ったら、「大人になんてなりたくない！」って思うようになるやろ？　逆に、お父ちゃんが朝、家を出る時にまるで遊びに行くようにスキップしながら出て行って、帰ってきたら「今日も楽しかったー！」ってニコニコしてたらどうやろ？

賢一 そりゃ、早く大人になって仕事したいって思うようになるかもしれませんね。でも、正直、そんなことはなかなかできないですよね。無理に演技したとしても毎日は難しいですわ。

ママ せやろなー、そりゃまあ、無理ないけどな。そこまでやれとは言わんけど、子どものためを思うなら、**せめて「行ってきます！」って笑顔で出かけて、帰ってきた時に「しんどい」だの「疲れた」だの言わんこっちゃな。**

それだけでもずいぶん違うと思うで。そのために、ウチの店に寄って全部吐き出して帰ったらええんや（笑）。

親は子どもの見本である。あるアンケートによれば、日本人は大人になりたくない子どもたちが諸外国に比べてとても多いそうだ。それは大人に夢や希望が感じられないことが原因の一つなのだが、さらに言えば家庭でのお父さんの姿が大きいと思われる。

お父さんは大きいし、力持ちだし、すごい存在だと子どもたちは感じている。しかし、そのお父さんが疲れるような場所が「会社」というものだとしたら、そして、その疲れが家でも取れないようであれば、子どもたちは働くことに恐怖心を覚えるのではないだろうか。

だから、せめて「疲れた、しんどい」などと子どもたちの前では言わないことをお父さん方にはお願いしている。お父さんも子どもたちに会えるのは嬉しいはずだ。ならば、子どもたちの顔を見て「嬉しい」とか

「会いたかった」という言葉がけはできるのではないだろうか？
もしかしたら、日本にニートが増えている要因のひとつは「これ」ではないかと筆者は考えているくらいである。

また、同様に夫婦仲が良くないのも子どもたちに「結婚」に対するネガティブなイメージを植えつけてしまう。両親がケンカばかりしている姿は、大好きな人たちが揉めているのと同じだから、子どもたちは大人が思うよりもずっと心を痛めてしまう。また、そんな思いをした分だけ「自分の子どもにそういう思いをさせるくらいなら、そもそも子どもなんてほしくない」という気持ちを作ってしまう。
このあたりも、日本人の晩婚や少子化に少なからぬ影響を与えていると考えられないだろうか？

ママ　実はな、お父さんの影響が本格的に出てくるんは、子どもが思春期に入ってからって言われてるらしいねん。やっぱり、大人になるにつれて社会との接点が増えてくるやろ？　学校で社会について学び始めることもあるし、高校生になればバイトする子も出てくる。そもそも、将来の夢を考え始めるのも思春期以降やな。その時のモデルにパパがなるわけや。

賢一　そうすると責任重大ですやん。うちの子たちは倒産して夜逃げした上に、こんなボロボロになるまで働いてる「あかんモデル」を見て育つんですね。それはかわいそうですわ。

ママ　そない凹まんでもよろしいがな。あんただって倒産させたくてさせたわけやない。今だって家族のために頑張ってんねやろ。そういう思いは必ず伝わるわ。しかもな、もし、そこでしんどい思いをしてたパパが頑張ってはい上がってく姿を見せることができたら、それってめちゃくちゃカッコええと思わへん？

賢一　……そうですよね。ホンマそうです。ここから復活する姿を見せるのも子どもたちにとってはいい教育になるんですね。なんか力が湧いてきました。ママさんって、ほんまプロのカウンセラーみたいですね。

ママ　せやろ？　実はよー言われんねん。いっそのことカウンセリング料でもとったろかな？　その方が儲かるかもしれへんな。ガハハ（笑）。

言葉を覚えたり、所作を学んだり、周りの人との人間関係の築き方を学ぶ幼少期は母親の影響が大きく、思春期に入る頃から父親の影響が増してくると考えられる。そうすると、父親が仕事をイキイキと楽しみ、妻のことを大切にする姿は、男の子にとってはそのままいい見本となり、女の子にとっても将来のパートナー像を描く役割を担うことになる。

だから、父親自身がどう仕事や家族と関わるか？　というテーマは、夫婦にとって重要なのはもちろんだが、子育てにおいても非常に影響力が大きいといえる。

子どもは親を見て育つ

帰り道、賢一は自分の過去を振り返り、子どもたちに申し訳ない気持ちでいっぱいになっていた。会社を経営していた頃は仕事にかかりきりで、子どもと遊ぶ時間をほとんど作ってこなかった。その頃は仕事が楽しくて、充実していたものの、その後経営が傾いてからはうつむいてため息をつく姿ばかりを子どもたちに見せてきたのかもしれない。娘が学校に行きたがらないのは学校になじめないだけでなく、もしかして自分の態度が原因の一つなのか？　と思うと、胸が痛んだ。

そして、妻に対しても罪悪感が湧き上がってきた。調子のいい時も悪い時も、家のことは妻に任せきりで自分は仕事さえしていればいいと思っていた。そして、今は自分の借金を返すために妻にパートまでさせている。かつては笑顔がよく似合う美人だった妻も、最近はすっかり沈んだ顔をしている。

ただ、自分も彼女も、ママの店に顔を出すようになって少し変わったように思う。昨日も彼女は笑っていたし、ケンカせずに話ができた。今日聞いた話をぜひ彼女にも伝えたいと思うと、それまで重かった足取りが少し軽くなっていた。

賢一　今日もママさんにいい話を聞いてきたで。ホンマあの人、すごい人やな。

多江　ほんとそうね。どんな話だったの？

賢一　一言で言えば「子どもは親の背中を見て育つ」って話かな。志穂たちにとって、俺らは見本なんよな。俺が今までどんな姿を志穂と真太郎に見せてきたかを思い出したらゾッとして、ほんと申し訳ない気持ちになったわ。いつも沈んだ顔して、ため息ばかりついていて。それに、子どもが小さい時は母親のよき話し相手になることが父親の役目らしいんやけど、俺はそれを思い切り放棄してたな、と思って。自分は父親としても、夫としても失格やな、と思い知らされたんや。

多江　そんなことない。あなただってすごく頑張ってると思う。それに、そういう罪悪感を覚えるのは、家族に愛情がある証拠だ、ってママさんが言ってた。仕事、

賢一　仕事であまり家庭のことは省みない人だと思って、正直不満だった時期もあるけど、今はそれがあなたなりの家族への愛情なんだなって考えるようにしてるのよ。

多江　そうか。多江はやっぱり頭がええなあ。ママさんの話をそんなふうにちゃんと取り込めるなんて。俺はまだまだついていくのが精いっぱいで、子どもや多江になんて詫びればいいか、ずっと考えながら帰ってきたよ。

私だって志穂にはつらくあたっちゃうし、笑顔を見せられない母親になっていたと思うの。でも、できる範囲でこれから笑顔でいようと思って、少しずつ楽しいことをやり始めてるんだ。本当にちょっとしたことだけどね。ママさんのところできつねうどんを頂くのもその一つなの。あの人といるとなぜかホッとするんだよね。どんな人生をあの人は歩んできたんだろう？　って、毎日思うのよ。

賢一　俺もホンマそう思うわ。父親は子どもにとっては「社会人代表」なんやて。俺がどんなふうに仕事に行って、帰って来るかで子どもたちが大人になりたいと思うか、なりたくないと思うかが決まるんやて。それを聞いたら、志穂が学校に行きたがらんのもそのせいかと思い始めてな。

多江　**じゃあ、明日から会社に行く時は笑顔でスキップしながら出て行ってみれば（笑）？**　子どもたちのためを思えばできるでしょ？

賢一　そうやな（笑）。たしかにそれなら俺でもできそうや。帰ってきた時も、笑顔であいつらを抱っこしてあげるようにするわ。ああ、でも、志穂は最近思春期に入ってきてるから、俺に近づかれても嫌かな。

多江　ほんとはあの子、パパのことが大好きよ。でも、パパは疲れてるし、機嫌悪そうだから、どう近づいていいのか分からないらしいの。真太郎みたいに無邪気になれる年でもないしね。正直に言うけど、私も今までパパのことをあまりよく言ってこなかったから、ここ数日はあなたのことを少しでもほめるようにしているの。「大変なこともあったけど、こうして今日もご飯が食べられるのはパパのおかげなのよ。あれだけ頑張ってくれてるんだから」って。

賢一　そうなんや。ホンマありがとう。子どもが旦那に懐かんようになるのは母親がいろいろとグチったりしてることが原因のひとつらしいから、めっちゃ助かるよ。俺も、もっと多江の話を聞く時間を作ろうと思う。今はパートで外に出てるけど、

多江　子育て中はずっと孤独やったやろ？　それを埋めるのが父親の仕事の一つやってこと、ホンマに知らんでな。それも申し訳なかったと思ってる。
分かってくれたらいいのよ。今はママさんって味方もできたし、何かあったらあの人にグチを聞いてもらうことにしたの。それで私も元気になれるし。そういえば私たち、ちょっと前まで口を開けばケンカになってたけど、最近は変わったよね。スナックなんて出入りし始めたらまたお酒に逃げちゃわないかと心配してたけど、最近は適量ですんでるのね？

賢一　そりゃ、ママさんの話を聞きたいからな。酔っぱらってたら肝心な話を聞き逃してまうし。今日もビール1本やったよ。俺も子どもにとって見本になれるように頑張らんとあかんな。なんか、多江と話してたら元気になってきたわ。それに、お前ももともとキャリア志向なんやから、借金とは別に自分がやりたい仕事を始めることを考えてもいいと思う。真太郎ももうすぐ小学校にあがるし、そしたらもっと時間もできるやろうし。

多江　ありがとう。実は私、自分がほんとにやりたいことって何だろう？　って思ってたの。やっぱり母親が元気で好きなことしてイキイキしてないと、子どもたちも気を使うしね。何より家が暗くなっちゃう。

気がつけば、二人は普通に話ができるようになっていた。ちょっと前までは仕事から疲れて帰ってきて酒を飲んでは多江にあたっていた賢一も、いつしか姿を変えていた。そして、多江も自分という存在を改めて見つめられるようになっていたのだ。

多江　でも、子どもたちにはどう接したらいいのか分からないのよね。志穂は相変わらず学校に行きたがらないし、真太郎もぐずって幼稚園に遅刻しそうになるし。

賢一　本当、どうしたらええんやろな。それこそ、ママさんに相談するネタなんちゃう？　明日にでも聞いてみたらどう？

多江　明日はパートが夕方までだから、明後日の休みに寄ってみようかな。

ほめられてこなかった親は、子どもをほめられない

ママ　なんかあんた、変わったなあ。ちょっと表情が明るくなったんちゃう？

多江　そうなんです。ママさんのおかげです。ほんと。夫とも普通に話ができるようになったんですよ。でもやっぱり、子どもたちにはどう接していいのか分からなくて。

ママ　そんなん、普通に接したらええやんか。あんたかて、いつも機嫌がいい時ばかり

やないやろ？　そんな時に無理にええ母親のフリをしようと思ったかて、しんどいだけやて。母親は子どものことが好きやから、ついつい頑張ってもうて、あれもこれもしてあげな、ってなるけどな、そないなことしても、あんた自身が疲れてもうたら子どもたちも幸せやないやろ？　せやから、機嫌がいい時に「愛してる」って伝えて、あとはたくさんほめてあげたらええんや。

多江　そうなんですか。いつもちゃんとしてなきゃ、って思っちゃうんです。それに**子どもをほめるのって、意外と難しいんですよね。**どうほめたらいいか。

ママ　あんた、母親からほめられたことあるか？　けっこう厳しい母親やったんやろ？

多江　はい、実はあんまりほめられた記憶がなくて。叱られた記憶ならたくさんあるんですけど……。ずっとほめてほしいと思って頑張ってたのに、怒られてばかりで。勉強を頑張っていい点取っても「調子に乗っちゃダメ。たまたまじゃない」みたいなこと言われて、すごくショックだったことはよく覚えてます。

ママ　そうなんや。めっちゃ厳しいオカンやなあ。ほめられたことがない子は、人をほめることができなくなるもんやけど、そんなん知らへんもんなー。そら、無理もないで。それにあんたがちゃんとせなって思ってまうのも、そうして頑張ってきたからやな。これだけやったらほめてくれる？　って、ずっと思ってたんやろ？

多江　はい。本当そうでした。ちょっとまた涙が出そうです……。いい成績取ったり、いい子にしてたらほめてくれるかな、と思っていたのに、全然でした。それに不満を持つよりも、自分がまだまだダメなんだって思うばかりで。でも、正直、今も思ってるかもしれません。いい年で、私も母親なのに、まだ自分の母親にほめてほしいなんて変ですよね。

ママ　いやいや、そういうもんやって。それくらい母親って大きな存在やねん。でも、あんたのオカンもおんなじちゃうか？

多江　え？　母も？　おばあちゃんは私には優しかったけど、たしかに母には厳しかったみたいですね。母と祖母はずっと折り合いが悪くて、母は祖母の文句をよく言ってました。そうか……。母もほめられたことがなかったんだ。そんなこと考えたことなかったです。母も、こんな気持ちだったのかな。

ママ　そうかもしれへんな。でも、ほめるなんてそない難しく考えんでもええねんで。

「えらいね。よくやったね」って言うだけや。お子さんのええとこ見つけてあげることもそうやし、少しでも頑張ったところを見つけて、そう言ってあげるだけやねん。

多江　そうなんですよね。分かってはいるんですけど、ついつい足りないところを見ちゃったり、もっとできるでしょ？　って思ってしまったり。それこそ、自分の母親と同じなんですよね。はぁ……知らず知らずのうちに、母の真似をしちゃってたんですね。

ママ　それしか知らへんさかい、無理ないわな。うちら客商売でも同じやねんけどな。**相手の嫌なところを見よう思たら、簡単やねん。**けど、そんな人の中にもええところがあるって見方をしてみると、意外にたくさん見えてくるもんなんやで。しかも、自分のお腹痛めた子どもやろ？　ええところなんていっぱい見つかるて。

すでに紹介したように「親は子どもの見本」。だから、良くも悪くも私たちは親から与えられたものを当たり前に自分の子どもに与えようとしてしまうものだ。もし、あなたの親が厳しいばかりの親だったとしたら、いざ自分の子どもをほめようとしても、言葉が出てこない現実にがく然とするだろう。私たちは「与えられたものしか与えることができない」のだ。

しかし、心理学にはこういう教えもある。「あなたが親から与えられなかったものは、あなたが親に与えに来たものだ」。

一見矛盾しているように見えるが、前者が現状だとすると、後者はあなたの才能と言える。

親からほめられなかった自分は、ほめられることがどれほど嬉しくて、価値のあることかをよく知っているのではないだろうか？　ならば、どういうふうにほめられたら嬉しいのか？　を、自分の心を使って研究することができるはずだ。

となれば、その言葉を自分の子どもに向けて言ってあげればいいのだ。

親にほめてほしかったように、自分の子どもをほめてあげるのだ。

また、「許し」という観点から見ると、勇気はいると思うが、そこで親をほめることもできるようになる。あれだけ厳しく過干渉な母親をほめるのは難しく感じるかもしれないが、もしかすると、あの母親もほめられた経験がないのかもしれないし、ほめられることの価値を知らないまま年を取ってしまっているのかもしれない。

「ほめる」ということに対しても、それほど難しく考えなくてもいいと思っている。親は、子どものことを無条件に愛している。だから、目の前の子どものいいところを見つけることはたやすいはずだ。

そもそも、子どもに厳しくしてしまうのも、見方によっては親の愛情がなせる業でもある。立派な大人になってほしいから、幸せになってほしいからこそ、子どもを叱ってしまうのだ。

そういうふうに見れば、親はどんな接し方をするにせよ、（そのすべてとまでは言えないが）子どもには愛を持って接していると言える。

そして、いつもほめたり、愛情を示したりできなくても全然問題はない。自分の機嫌が良い時だけでも全然OK。頑張り屋の親ほど、子どもをほめることを「義務」にしてしまうものだ。でも、子どもはとても感性が鋭い生き物。ママが無理してほめてくれていることくらいすぐに察してしまう。だから、思いついた時、気分の良い時に子どもを抱きしめ、愛情を伝え、ほめてあげれば十分なのだ。

自分軸で生きる意味
〜「子ども軸」になっていないか〜

多江

子どもをほめること、帰ったらさっそくやってみます。昨日と今日学校に行く時、娘はぐずりはしませんでしたけど、あまり楽しそうじゃなかったんです。ママさん、この前夫に「父親が仕事に行く姿を子どもは見てる」という話をしてくださったでしょう？　娘がうつむきながら無言で学校に向かう姿、ちょっと前の夫にそっくりなんです。

ママ　そしたら、旦那は変わったんか？

多江　ええ、先日ママさんにその話を聞いてから、朝は大声で「行ってきまーす！」って言って張り切って出ていくようになりました（笑）。ちょっと演技っぽいから子どもにはバレてると思うんですけど、それでも自分を変えようとしてくれているのがよく分かって、嬉しいです。

ママ　それは良かったなあ。そのうち娘ちゃんも、無理くり元気なふりして出ていくかもな（笑）。

多江　でも、やっぱりあの子の将来のことを考えてしまって。私も、知らず知らずのうちに自分の母親と同じことをしてしまっていたでしょう？　あれやこれやと心配してしまって、子どもの将来をどうしても不安に思ってしまうんです。「学校に行かなくてもいい」なんて、なかなか思い切れないんですよね。

ママ　あら？　ウチは別に学校に行かんでもええ、なんて言うたつもりないで（笑）？

多江　ええ、それは分かってます。分かってますけど、**ちゃんと学校に行って、しっかり勉強して、大人になってほしいと思ってしまうんです。**実は昨日、学校の先生から「家庭ではどんな様子ですか？」ってお電話を頂いたんです。どうも、学校でも一人ぼっちで過ごしている時間が多いみたいで。先生には家庭の事情も話しているので、そこも心配してくださっているとは思うのですが。

ママ　いい先生に恵まれたんやな。たしかに、そこは難しいところやな。学校に行ってほしいって思うのも子どものためを思うことやし、でも、嫌がることを無理にさせてもええんか？　って思えば悩むもんな。子どもへの愛情があるからこその悩みやけどな。

多江　そうなんですよね。それに、夜になると私も娘もちょっと暗い雰囲気になってしまって。明日の朝、また学校に行く行かないで揉めなきゃいけないんじゃないかと思うと……。

ママ　そうやって**どんどん子どもに意識を取られていくとな、子どもは子ど**

もで罪悪感を覚えるようになるんやで。「お母さんを苦しめてる」って。でも、子どももどうしてええんか分からへんのやな。娘と話はしてるん？

多江　ええ、先生にもアドバイス頂いて、ちゃんと話をしようと思っているのですが、あの子も「ごめんなさい」って言うだけで、くわしいことは何も話してくれないし、重たい空気になってしまって。

ママ　そこはなー、辛抱強く待ってあげたいところやねんけどな。娘のことが心配やと、話し合いっていうより、一方的にあんたの気持ちをぶつけてしまいやすいやろ？

そやから、娘の話を聴いてあげるっていうんが大事やと思うねん。**何も話してくれへんかったら、何か話してくれるまでじっと待つつもりでな。**

一方的にママがあれこれ言うてしもたら、娘はどんどん心を閉ざしてしまうやんか。逆の立場になったら分かるやろ？

多江　そうなんですよ。何も言ってくれないから「ママは心配してるのよ」とか「そのうち慣れるから頑張って行ってほしい」とか「将来のことを考えたら学校行った方がいいの」とか、いろいろ言ってしまうんです。

ママ　娘からしたら「そんなこと分かっとるわ！」って感じやろな（笑）。

多江　そうなんでしょうか？　本当に分かっているんでしょうか？

ママ　**「子どもは何も分からへん」とか思ってると、痛い目見るで。**あいつらよう見てるもん。うまく言葉にできひんかったり、何か言ったら何倍にもなって返ってくるって分かってるから、何も言わへんだけでな。ホンマはよう分かってってんねんで。

多江　そうなんですか。

ママ　「親はなくとも子は育つ」って言うやろ？　当たり前やけど、子どもは親の所有物ちゃうし、一人の人間や。ちゃんと人格もある。そこを尊重して、信頼してあげるいうんは、大人同士もそうやけど、子どもに対しても同じちゃうかな。

多江　そうなんですね。つい、「この子は何も分からない、知らないんだ」って思っちゃうんですよね。どうしたら、もっと信頼してあげられるんでしょうか？

ママ　そら、まずその子にええところをたくさん見てあげることやな。さっきも言うたけどな。でも、**それより大事なことは、ちゃんと娘との間に境界線を**

引くことや。

多江　境界線……ですか？

ママ　せや。**「私は私、娘は娘」**って線引きするんや。それこそ、大人同士のつき合いみたいにな。この子にはこの子なりの思いがあって、一生懸命やってるんや。自分のアタマで考えて、良かれと思うことをやっているんや。学校のこともちゃんと自分なりに考えてるんや。そういう思いで見てあげることやねんな。私が何とかせんと、て思い過ぎてるやろ？　それがいきすぎた干渉、過干渉になってしまう原因やねん。

多江　そうか、なるほど。私は私、娘は娘……ですね。どうしても「私が何とかしなきゃ」って思ってしまうんです。この子の将来のこともありますし、あと、ちょっと恥ずかしいですけど、やっぱり世間体というのも気にしてしまって。

ママ　それもしゃあないことやねんけどな。あんた、ええ母親やから。でもな、世間よりも娘の方がずっと大事やろ？　そのことを忘れたらあかんわな。

ママが言う「境界線を引く」とか「私は私、娘は娘」という意識のあり方のことを「自分軸」と呼ぶ。子育て中のママは「私が何とかしてあげなければ」という思いから、つい娘との間の境界線が見えなくなり、過干渉や過保護になってしまいやすい。それは愛情があるからともいえるが、その状態では、子どもをコントロールしてしまい、子どもの人格を否定することにつながってしまう。

しかも、多江のところのように子どもが問題を起こすと、特に母親は「子ども軸」になりやすい。つまり、寝ても覚めても子どものことばかりを考えてしまう状態だ。そうすると、何かと子どもに意識を取られてしまうから、「自分」を喪失してしまうことになる。

そうすると、子どものことを尊重できなくなり、何でも自分の思い通りにしようとますます支配的になってしまうのだ。

そんなことをしても子どもは当然笑顔にはならないし、思い通りにはいかない。中には明らかに反抗的な態度を見せることもある。そうするとまるで自分が否定されたように（拒絶されたように）感じ、ますます子どもに対して過干渉になってしまう悪循環が生まれる。

子どもを一人の人間として意識し、尊重できるようになるためには「自分軸」を確立して、子どもとの間に境界線を引く必要があるのだ。

自分軸が確立されると、対等に話ができるようになるので、子どもを信頼することもできるようになる。そうすると、子どもも自分の世界を侵されない（否定されない、強要されない、怒られない）安心感が生まれるので、だんだん心を開いて話をしてくれるようになる。

たいていの場合、そこで子どもから聞く話は、大人にとって衝撃的な話ばかりだ。

「そんなことを考えていたのか」「そんなふうに感じていたのか」と、驚きを隠せない体験をされる方が数多くいる。それと同時に、勝手な親の思い込みで子どもを判断していたことを恥じることがとても多いのだ。

その自分軸を確立する方法については、のちに「親の自己肯定感を高めるワーク」と一緒に紹介したいと思う。

親自身が自己肯定感を高める必要がある

多江　そうなんです。娘は本当にかわいいし、笑顔が無邪気だし、とても優しい子なんです。小さい頃はいつも周りの子を連れて公園に遊びに行っていましたし、元気で幼稚園の先生からもよくほめられていました。正義感が強くて男の子にいじめられた女の子がいたら、娘がその男の子を泣かしちゃったこともあるんです。ほんとはすごくいい子なんです。それが、あんなにも表情が暗くなってしまって……。（涙が頬を伝う）

ママ　そうや。そうやってあの子のええところをちゃんと見てあげたらええわ。今かて、そんな活発で元気な子やねんで。今の環境になじめんで、隠れてもうてるだけや。本来の志穂ちゃんはちゃんとおるんやから、心配せんでもええねん。

多江　そう言ってもらえると安心します。境界線を引いて、娘の話をちゃんと受け止められるようにしたいと思います。ちゃんとできるか自信ないですけど……。

ママ　そらな、**あんた自身、自分のことを否定しまくっとるやろ？**　人はな、知らんうちに自分にしてることを人にしてまうクセがあんねん。自分のダメなところばっかり見るクセがあったら、子どものダメなところを探してしまうもんや。だから、まずは親が自己肯定感を上げる必要があるわけや。親が見本なんやから、それはそうやな。

多江　「自己肯定感」って最近よく聞く言葉ですけど、私自身とっても低いと思うんです。そんな簡単に上がるものなんでしょうか？

ママ　そない難しく考えんでよろしい。あんたええ大学出て、ええ会社におったんやろ？　ウチと違て、優しい旦那にかわいい子どもらまでおって。それで自己肯定感低いいうんもおかしな話やけど、最近の人はみんなそやからしゃあないわな。

何度も繰り返し出てくる「親は見本」という言葉。

親がまず自己肯定感を高めないと、子どもにそれを教えてあげられないのは言うまでもないだろう。

自己肯定感というのは「ありのままの自分を認める」ことで、良いところはもちろん、ダメなところも「それが自分だから」と受け入れる考え方、あり方のことをいう。だから、今の自分をそのまんま認めてあげたらいいのだけど、私たちはものすごくたくさんの「基準」を持ってしまい、それによって自分にダメ出しするクセがついてしまっている。

だから、自己肯定感を上げるということは、いわば、その自己否定グセを手放し、「そのままの自分でＯＫ」と、自分を許すことにほかならない。

だから、今の自分をありのままに認める方法を実践していくといいのだ。

次に、その方法を紹介していく。

親の自己肯定感を高めるワーク

賢一が仕事から家に帰って来ると、多江が何やら必死に書き物をしている。

賢一 ただいま。何してんの？

多江 ママさんから「子どもの自己肯定感を上げたいなら、まず親が自己肯定感を上げなきゃダメや」って教えてもらったの。それでどんな方法がいいのか聞いたら、この紙をくれたのよ。それでさっそく、ワークをやってみてるの。

多江が見せてくれたのはA４のコピー用紙に印刷された「自己肯定感を高めるワーク」の一覧だった。

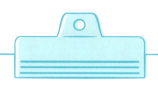

一人用

- **「それが今の私」**を口グセにする
- **「私は私、子どもは子ども」**を口グセにする
- **子どもの良いところを30個**見つけて、それを子どもに伝える
- 子どものために意識してやっていること、頑張ってやっていることを30個探して、**自分をほめまくる**
- 子どもとパートナーに**感謝の手紙**を書く
- 次の言葉をいつも自分に問いかける
  - ・**「それって自分に向いてる？」**
  - ・**「これって自分がやりたいこと？　やらなきゃいけないと思っていること？」**
  - ・**「これってできること？　できないこと？」**
- 「観念」を手放すワーク
  1. 母親（父親）とは「こうあるべき」「こうしなければいけない」「これをしてはいけない」と思っていることを**リストアップ**する
  2. そのひとつひとつに対して「そんなことしなくていい」「そうでなくてもよい」「できなくても構わない」と**声に出して自分に「許し」を与える**
- 今日あった「嬉しい」「楽しい」「良かった」「感動した」「幸せだった」できごとだけを書く**「幸せ日記」**をなるべく毎日つける
- **「自分が笑顔になれること」を1日5分意識的にやってみる。**どんなことでもかまわない

夫婦用

- 2日に1回、**お互いを2分間ずつほめ合う**
- 2日に1回、**お互いへの感謝を2分間ずつ伝え合う**
- **交換日記**をする
- 二人で**デート**をする日を作る

賢一　けっこうたくさんあるなあ……これ全部やるんか？

多江　ううん。どれか1つをやり続ければよくて、飽きたらほかのに変えていいんだって。さっき子どもたちに感謝できることを30個探してたんだけど、それだけでなんだか胸が熱くなって……思わず泣いちゃったのよ。当たり前と思っていることでも、確認することがとっても大事なんだってことがわかった。それで今、「観念」を手放すワークをやっているんだけど、自分がものすごく「観念」に縛られてることに気づいて、ちょっとショックなくらい。

賢一　へえ、そうなんか。しかし、〈夫婦用〉ってなんか照れるもんばっかりやな。

多江　やっぱり、夫婦関係が子どもに及ぼす影響って、親が考える以上にあるんだって。だから、夫婦がきちんとコミュニケーションを取ることが大切なんだって。

賢一　とりあえず、俺もやってみよかな。

多江　「お互いを2分間ずつほめ合う」っていうの、やってみる？

賢一　えっ？　あ、いや、また今度でええんちゃう？　なんか恥ずかしいわ……。

多江　でも、こんな機会ないじゃない？　はい、そこ座って。私からやってみるね。

スマホのタイマーを2分にセットし、まずは多江が賢一をほめ始める。

「一生懸命働いてくれること、家族とちゃんと向き合ってくれるところ、情熱的なところ、面白いところ……」次々と言葉が出てきて、自分でも驚いている。

一方、賢一は照れたように笑いながら、「いや、そんなでもないし」と、申し訳ないような表情に変わっていく。多江にとってはあっという間の、賢一にとっては長い2分が終わる。

多江　2分って意外と短いね。あんまり出てこないかもと思ったけど、たくさん出てきたね。私、あなたのいいところ、意外と見てるんだ。

賢一　いや、参ったなー。なんか照れるいうか、そんなんちゃう！　って言いたくなったし、申し訳ない気持ちも出てきたよ。

多江　それでいいんだって、きっと。私がそう思っているんだから、それを受け止めればいいのよ。「それが今の私」を口グセにするっていうのもあるじゃない？　そう感じちゃうのが今のあなたなんだから、それでいいのよ。

賢一 そういうことか……。次は俺の番やな……なんかプレッシャーやなあ。
多江 なんかドキドキするね。

多江がタイマーをスタートさせる。賢一は照れて口ごもりながらも、「家族をしっかり守ってくれてありがとう、パートも家のこともちゃんとしてくれてありがとう、それに頭がいい、きれいだ……」と一生懸命言葉にしようとしている。

一般的に女性に比べ、男性の方がほめることが苦手だ。だから、いざこのワークを始めても、男性側が一言も発せられないことも珍しくない。ただ、そうした沈黙は「ほめるところがないから」ではなく、「どこをほめたらよいか考えている時間」なので、優しく見守ってあげるといい。

賢一 なんか、変な汗いっぱいかいたわ……。2分がとても長く感じた。
多江 一言も出なかったらどうしようと思ったけど、たくさんほめてくれてありがとう。

嬉しかった。あなたがそんなふうに思ってくれてるなんて、知らなかったし。

こうした夫婦のコミュニケーションが夫婦だけでなく、家族の絆を深めることにつながるし、その影響は子どもたちにダイレクトに伝わる。

子どもの問題の多くは、両親の関係が影響していることが多いもの。

そうしたケースも含め、次章では子どもの問題の具体例をいくつか紹介していきたい。

ママからの宿題

自分の親との関係を振り返ってみ。親がしてくれたこと、してくれへんかったことを思い出して、それがどう自分の子育てに影響しているかを考えてみるねん。変えようとせんと、まずは考えるだけでええで。

夫婦関係については触れられるのも嫌な人も多いかもしれへんけど、文句や不満ばっかりやなしに、相手なりに頑張ってくれてるところ、愛情を示してくれているところもちゃんと見てあげてな。

101ページの「親の自己肯定感を高めるワーク」。どれでもええから、ひとつできそうなんを選んでまずは1か月続けてみ。飽きたら別のんにしたらええから。勇気があったら、多江と賢一みたいに夫婦やパートナー同士でもやってみてな。

3

ウチが相談にのった親は、
こんな感じで
変わっていったわ。

多江　ママさん。今、自己肯定感を上げるワークを夫婦でいろいろやってみてるんですよ。自己肯定感が上がったかどうかはまだよく分からないんですけど、今までよりもなんか楽になったような気がします。こっちに来てから周りの人の目が気になっていたんですけど、最近はあまり気にならなくなって。「どう思われてもいいや」って思えるようになったんです。

ママ　お、それは良かったやんか。その調子やで。

多江　それで少しずつご近所づき合いや、学校や幼稚園のママとも話をするようになって、それぞれの家庭にそれぞれの問題があるんだなあ、ということに気づいたんです。今までは自分のことばかりにとらわれていて、自分のことで精一杯だったんですけど、少し余裕ができたのかなって。それで、ママさんにいろいろと聞いてみたいことが出てきたんです。ちょくちょく通いますから、教えてもらっていいですか？

そう言いながら多江はスマホを開け、そこのメモを見始める。

多江　隣のマンションに住んでる奥さんが、子どもの不登校で悩んでるみたいで……。やっぱりこの学校にもいじめがあるらしいですし、最近情緒不安定な子どもが増えてるって聞きますし、あと、うちの子は2年生ですけど、もう中学受験の話が近所のママたちの間で話題に上ってるし……。本当、たくさんお聞きしたいことがあるんです。

ママ　そらまあ、話せるもんは話せるけどな、そない一気には無理やで（笑）。まあ、ひとつひとつやな。

多江　お願いします。師匠！

ママ　なんや師匠って（笑）。単なるスナックのママやで。そんなん恐れ多いわ。

そんなこんなで、多江はママからさまざまな事例についてレクチャーを受けることになったのだった。新品のノートを広げながら、ママに質問をぶつけていく。

不登校（引きこもり）について

多江　やっぱり隣のマンションの子の話からお願いします。その子、小学5年生の男の子で、私たちが引っ越して来た頃は普通に学校に行ってたみたいなんですけど、夏休み明けから行かない日が増えて、今ではほとんど家に閉じこもったきりなん

ですって。

ママ　なんか取り調べみたいやな。

多江　え？　そうですか？　私はどちらかというとインタビュアーの気分なんですけど……。

ママ　なんか目が怖いで（笑）。不登校な、最近は多いみたいやな。不登校って一口で言うても、いろんな問題が絡み合っとるとウチは思ってるんや。**そもそも不登校って、何で問題になるか分かるか？**

多江　何で問題になるか、ですか？　学校に行かないのはやっぱり良くないからじゃないですか？　前にママさんに教えてもらいました。

ママ　そうやったか。忘れとったわ（笑）。じゃあな、もし親が「気が向かへんのやったら、学校に行かんでええんちゃう？」って考えやったら、不登校って問題になると思う？

多江　え？　い、いや。学校側は問題にするかもしれないけど、親は別に問題とは思わないですよね。

ママ　せやねん。不登校の問題は、親や学校がそもそも「子どもは学校に行くもん」と考えてるから生まれる問題ってことやねん。

多江　たしかに「学校には別に行かなくてもいい」って思ってたとしたら、それは問題にはならないですよね……。でも、義務教育ですし、将来のことを考えたら、やっぱり行った方がいいと思うのが普通だと思うんですが。

ママ　そらまあそうやな。でも、前に話したみたいにな、**その子自身が今の学校のシステムに合うか、合わへんかいうんはほとんど議論にならへんやん。**学校には何が何でも行くもんや、ってみんな思い込んでるだけでな。大人かて、会社が自分に合わへんかったら転職考えるやろ？　習い事の先生と合わへんかったら違う教室探すやろ？　でも、学校ってそういうシステムになってないやん。そら、フリースクールみたいなしくみはあるけど、まだまだマイナーやし、それを選ぶには親にも相当勇気いるよな。だから、**不登校を解決するための第一歩は「子どもは単にサボっとるだけやない」ってことに目を向けることや思うんよ。**学校や先生との相性がよくない場合もあるし、友達とケンカしたのかもしれへんし、小学生の高学年くらいになれば失恋ってこともある。学校の勉強についていけへんことを気に病んでる場合もあるし、そもそも勉強そのものが向いてない場合もある。でもな、意外に多いのが家の問題やねん。家で起きとる問題に心を痛めてて、それが不登校になってるケースや。

多江　なんかいきなり深い話になってきましたね……。びっくりです。

ママ　うちのお客さんの紹介でな、あるお母ちゃんがここに来よったことがあるんよ。中学1年の娘が学校に行かなくなったいうて。めっちゃ悩んだんやろな、相当やつれとったわ。娘に理由聞いても、何も答えんと自分の部屋に引きこもってまういうて。いじめがあったんか、先生と何かあったんか気に病んでたんやな。

多江　そういう話ってあるんですね。やっぱり、中学生くらいに多いんですか？

ママ　100％そうやないやろけど、思春期から増えるみたいやな。でな、そのお母ちゃん、学校の先生に相談したんやけど、先生からは「いじめもないし、特に何も思い当たるふしがありません」って言われたらしい。それでな、ウチは「旦那さんとの関係はどない？」って聞いたんや。そしたら、案の定その子が5年生くらいから夫婦ゲンカが多なって、離婚の話も出てきたらしい。どうも、旦那に女ができたみたいなんやな。証拠はないらしいねんけど。それでその子が中学に上がる頃には、旦那が家を出て別居してたらしいねん。

多江　それは大変ですね。そんな頃に両親が揉めてたら傷つきますよね……。

ママ　そうや。それで、「娘が学校に行かへんようになったんは、あんたらの不仲が原因ちゃうか？」ってストレートに聞いたんやわ。そしたらな、やっぱり少しは自覚しとったらしくて「やっぱりそうですか。うすうすそう思ってました」って言うてたで。まあ、子どもも中学生なら「学校に行くのが当たり前」ってことは当然知ってるわな。学校行かんかったらお母ちゃんにガミガミ言われたり、困らせることになるってことは分かってるはずやねん。**せやのに行かへんいうのは、何らかのメッセージって親は受け取るべきやと思うねん。**とはいえ、本人も何が原因かは分かってないことも多いし、子どもが自覚してる原因と本当の原因が違うてる場合もあるからな。

多江　そうなんですね。

ママ　子どもはもともと親が大好きや。仲良くしてほしいねん。せやのに、その親がケンカばっかりで、別れ話までしとるやろ？　そしたらやっぱりつらいし、傷つくし、将来も不安になるわな。

多江　そういえば、うちの夫が会社たたむことになった頃って、夫婦ゲンカがすごく多かったんです。それを娘が止めに入ってくれたこともありましたし、一人で泣いてる姿を見たりしたこともありました。あの時は私もほんとつらかったですけど、娘にもつらい思いをさせちゃってたんですよね。

ママ　そうや。両親がケンカしてる時って、ホンマ早く終わって仲直りしてほしい、としか思えんやろ？　何もできひんねんから。それにな、**大人には信じられへんかもしれんけど、小さい子の場合、「両親のケンカは自分のせい」って思ってしまうことがあるんよ。**「私がいい子にしないから、お父ちゃんとお母ちゃんがケンカしてる」とか「僕がいるから、お父ちゃんとお母ちゃんの仲が悪い」って思うてしまうんや。

多江　え？　そうなんですか？　すぐには信じられないです……。

ママ

そうなんや。せやから、両親がケンカするたびに罪悪感を感じてしまうもんなんよな。さっきのお母ちゃんとこなんて、それが毎日のように続いてたんや。そしたら娘ちゃん、相当傷ついたはずや。

「子どもが親の不仲を自分のせいだと考える」というのは、にわかには信じがたいことかもしれない。しかし、みなさんの子どもが夫婦ゲンカのあとに「私がいい子にしなかったから?」「いい子にするからケンカしないで」などと言ってきたことはないだろうか?

そうは言っても夫婦ゲンカは避けられないものなので(むしろ、環境が違う二人が一緒に暮らしているのだから、ケンカは起こるのが当たり前だと考えている)、ケンカがおさまったあとは「ごめんね。つらかったよね。あなたのせいじゃないんだよ」とフォローしてあげるのがいいと思う。もちろん、ケンカの翌日でもかまわない。

また、思春期になってくると将来のことが見えるようになる。「両親がケンカして離婚でもしたら、自分はどうなるんだろう？」という不安を強く感じるようになるのだ。また、思春期はとても不安定な時期なので、ちょっとしたことにも敏感に反応してしまう。たとえば、「両親がケンカばかりしている家の子はおかしな子だと思われるんじゃないか？」「両親が不仲の家で育つ子は、ちゃんとした大人になれないんじゃないか？」など。だから、やはりケンカが収まった後に子どもに事情を話すことは、とても大切なことだと思う。

これには賛否両論あると思うが、私は両親が抱えている問題をできるだけ子どもに話した方がいいと考えている。「大人のことを子どもに話したってしょうがない」などと思うかもしれないが、子どもは話の内容は分からなくても、雰囲気として十分に伝わっているからだ。

ママ

まあ、それで例のお母ちゃんなんやけどな。やっぱり夫婦のことで、子どもたちに心配かけたらあかん思て、なんも話してなかったらしいんや。父親は仕事が忙しいから別の家に住んでるってことにしてたらしい。それも母親らしい愛情や思うけど、でも、様子がおかしいのは子どもにも分かるやろ？　でも、お母ちゃんがそう言ってるんやから、子どもは何も言われへんわけや。子どもは「そんなん言うけど、お母ちゃんつらそうやん、悲しそうやん。全然元気ないやん。ホンマにお父ちゃん、仕事なん？」って言いたかったかもしれへん。

多江　子どもには、全部筒抜けなんですね。

ママ　そうやな。親はごまかしたつもりでも、子どもは雰囲気で感じ取ってしまうんやな。せやから、嘘ついてることもバレるし、もっと言えば、嘘つかなあかん事情があるってことまでバレてるんやと思う。それで、子どもたちはママを励まそうとして頑張ったりするわけや。

多江　けなげですね。なんか私も大阪からこっちに戻って来る時、子どもにだいぶ心配かけたんですね。

ママ　もしかしたら、あんたとこの子どもたちも気丈に振る舞ってたのかもしれへんなあ。**でも、それであんたが罪悪感感じんでもええねん。**それくらい自分たちが子どもから愛されとる、いうことを自覚することが大事やねん。

そもそも、子どもはみな「ママの雰囲気を察する能力」に長けている生き物である。ママの機嫌次第でオヤツが食べられたり食べられなかったりするわけで、いつもママの気配を察しながら生活している。だから、いくら子どもたちの前では頑張って笑顔で振る舞おうとしても、子どもたちからすれば「僕たち（子どもたち）に迷惑をかけないように、ママは頑張って笑っている」というふうに見えてしまうのである。

だから、子どもの前での隠しごとはあまりおすすめしないのである。

ママ

せやからな、そのお母ちゃんが「子どもには事情を話した方がいいんでしょうか？」って聞くからな、「できたら早いうちに話してあげた方がええで」って言うてん。「でも、何て言っていいか……」ってまた悩みはるから、たとえばな、「あのな、パパとママは今、仲が悪くて一緒にいられへんねん。ごめんな。でも、あんたのせいやないし、ママはいなくならへんから安心してな」って言うとき、てな。

多江　ママさんすごいですね。そんなことまで分かるなんて。ママさん、小さいお子さんなんていないですよね？

ママ　おったら、こんな仕事してないで。まあ、妊婦みたいな体やけどな。ガハハ。それになな、離婚問題やらお金の問題やら、まあ夫婦間でいろいろあった時にな、親は子どもを守らなアカンいうて気丈に振る舞うんやけど、子どもの気持ちで大事なことをひとつ忘れてることが多いんよ。何やと思う？

多江　子どもたちの気持ち？　ええ……何でしょう？　甘えたいとか……違いますよね。**あ、もしかして「助けたい！」って気持ちですか？**

ママ　正解！　あんたには、前に似た話したもんな。よう覚えとったな。子どもはお父ちゃん、お母ちゃんが大好きやからな。助けたいと思ってるんや。でも、親は助けさせてくれへんわな。それでどんどん無力感を抱えてしまう子も多いんや。でも、子どもがあんたを助けようとしてくれてたって記憶、ないか？

多江　言われてみれば、たくさんある……。私が熱を出して寝込んでいた時、娘が水やみかんを持ってきてくれたことがありましたし、おかゆを作ってくれようとしたこともありました。でも、「そこに置いたら水がこぼれちゃう」とか「食欲ないから今はいいよ」とか言って、素直に受け取れませんでした。

ママ　まあ、それはまだええ方やけどな。子どもやからやり方は正しくはないかもしれへんけど、助けたい気持ちはいっぱいなんや。でも、そんなふうに見えへん子もおる。お母ちゃんが熱出してもずーっとゲームばっかりしててな。それはもう無力感でいっぱいになってもうてるのかもしれへんし、その子なりの「どうしていいのか分からへん」って意思表示なんかもしれん。

多江　ママさんは、本当に子どもの気持ちが分かってますねー。でも、実際に志穂が不登校になってしまったらどうしたらいいんでしょう？　心配になって、いろいろ聞いてしまいそうで。

ママ　そのお母ちゃんもな、娘が学校に行かへんようになってからあれこれ問い詰めてもうたらしくてな。それでよけいに殻にこもってもうたらしいんや。不登校になった理由は本人でもよく分からへん場合もあるし、お母ちゃんに言いたくない場合もある。そんな時にあれこれ詰め寄られたら、そら、貝になるほかないわな。

せやから、基本は放置がええと思う。ていうかな、ふだん通り接する感じやな。そう、夏休みみたいな感じでな。ホンマは過剰に心配もせず、焦りもせず、「気が向いたらそのうち行くやろ」くらいに構えとったらええねんけどなー。まあ、言うても難しいよなあ、お母ちゃんとしては。

多江　どうしても心配しちゃいますよね。うちの娘が学校になじめなかった時は、毎朝娘とケンカしてました。それも良くなかったんですよね。反省です。

ママ　しゃあないやろ。あんたかて必死やったし、いろんなこと背負っとったしな。それも無理ないことや。これから気をつけたらよろしいねん。でもな、「学校に行かないといけないのに行かない。だから何とか行かせないといけない」て、親が考えてしまうと、それが子どもにより大きなストレスとプレッシャーを与えてまうからな。せやから、**いかに子どもを信頼するか、がめっちゃ大事やねん。**

多江　信頼、ですか。

ママ　「この子はちゃんとわかってる」って見るんや。たとえばそういう時、お母ちゃんは「どうして学校に行きたくないの？」って聞くやろ？　でも、その質問の裏に「行かなきゃいけないのに、何で行かないの！」って怒りの気持ちはないか？「学校に行ってくれないと自分が困る」って気持ちとかな。なんぼ優しく聞いたかて、そんな気持ち持っとったら、そら、子どもはよけいに心閉ざすっちゅうもんや。ほかにもな、「学校で何かあったの？　お母ちゃんに話して！」というのも同じや。**言葉の裏に隠れてる自分の気持ち、これをな、無視したらあかんねん。**そっちかて子どもに伝わってしまうわけやから。そう思うてしまうのは、この子は何もわかってない、って不信感や。でも、さっきも言うたけど、子どもはちゃんとわかってんねん。それでも行きたくないってことやねん。まずはそれを受け入れてあげた方がええと思うねんな。

多江　受け入れる、ですか。できるかなあ、自分に。

ママ　まあ、そう言うやろと思たわ。そもそも自己肯定感て、自分をそのまんま認めて受け入れることやろ？　長所も短所もな。これな、自分にできてへんかったら、子どもにもできひんねん。つまりな、**親が自己肯定感低くて、自分を否定ばかりしとったら、子どものことも受け入れられずに否定ばかりしてまう、ちゅうことや。**

多江　結局、まずは親が自己肯定感を上げていかないといけないんですね。

ママ　そや。そういうふうに見れたらな、子どもが学校に行かないことを尊重してあげることもできるんや。そしたら、子どもはな、「学校に行かなあかんのに、行ってない自分のこと、お母ちゃんは受け入れてくれてる！」って思うんや。まあ、子どもはよく無意識に親の愛情を試すようなことをするんよな。不登校になるのも、そんな目的がある場合だってあるんよ。**「こんな自分でも、愛してくれるん？」**てな（笑）。

多江　それはなかなかきついテストですね。でも、そうして子どものことを信頼して、その意思を尊重してあげることができたら、だいぶ関わり方が変わりそうですね。

ママ　せや。**「寄り添う」って言葉があるやろ？**　それってホンマ、先入観とか

多江　決めつけなしに、その子を受け入れてあげなできひんと思うねんな。それは親の器が試されますね……。**「子育ては自分育て」**って、ほんとよく言ったものだわ。

ママ　ホンマそうやで。「子育ては自分育て」や。めっちゃ育てられるなー（笑）。まあ、ちょっときつい話やけどな、**子どもがなんで親に学校に行きたくないかを話してくれへんか言うとな、ぶっちゃけ親のこと信頼してへんからやん。**何か困ったこととか悩みがあったら、普通子どもは親に言うやんか。幼稚園とか小さい頃ってそうやったと思わへん？　それが言われへんってことは、どこかで信頼関係を壊すようなことを親がしてもうてるってわけや。子どもの言うこと聞かんかったり、否定したり、自分の価値観を押しつけたり、決めつけたり、味方になってやらんかったり、な。それでだんだん「親に言うてもあかん」って思うようになってしもたんちゃうかな。もちろん、もともと親に言わへん子もおるから、みんながそうやとは言い切れへんけど。

多江　そうはなりたくないですね……ほんと。でも、子どもにそう思われてしまったら、どうしたらいいんでしょう?

ママ　それがな、「寄り添う」ってことやねん。今までは否定するような態度をとってしもたかもしれへんけど、それを反省して、態度を改めるんや。**子どもをそのまま受け入れる、尊重する、話を聴こうとする、否定しない。**そういうことを続けていけば、だんだん心を開いてくれるはずよ。もともと親のことは大好きなんやしな。そのへん、こじれた大人同士よりは簡単やと思うで。

多江　それならよかったです。ホッとしました。

よく子どもが不登校になった時に「何で学校に行きたくないの?」と怒り口調で言ってしまうことがあるだろう。でも、当たり前だが子どもは心をよけいに閉ざしてしまうだけだ。自分が同じようなことを他人に言われたらどう感じるか、考えてみるといい。

「子どもは親の所有物」のような考え方があったり、「学校に行くのが当たり前」「親の言うことを聞くのが当たり前」などと思っていると、

そんなふうに振る舞ってしまい、自ら信頼関係を壊してしまう。

子どもは一人の人格を持った〝他人〟でもあるのだ。特に思春期ともなれば、自立した大人の要素も混じり合う時期である。それゆえに、「あなたはあなたなりに考えているんだよね。ちゃんと分かっているよ」という信頼を送ってあげることが大切だと思う。

そうして、子どものそばに寄り添ってあげる、すなわち、無言でもいいから同じ場にい続けることで、少しずつ心を開いてくれることが多い。

「なんとかしなければ」という思いが強いと、子どもをコントロールしてしまうもので、「子どもには子どものペースがあるのだから、それを信頼して待とう」という意識がないと、どうしてもイライラしてしまうだろう。

多江　それで、その奥さんはそのあとどうなったんですか？

ママ　その時点で不登校と離婚の問題を同時に抱えてるわけやから、まあしんどいわな。

せやから、**「まずはあんたが笑顔になることが先や」**って話をしたんよ。子どもたちを安心させたるにも、あんたが笑顔やないと何もできひんやろ？　せやから、今何でもええから自分の気分が良うなること、笑顔になれることをしたらええ、って言うたんや。ケーキ食べたきゃ食べる、マッサージ行きたかったらマッサージ行く、何なら、今からここでカラオケ歌うてもええで！　って言うたら、それは拒否されてんけど（笑）。

多江　元気になったり、笑顔になったりするのが大事だって分かるんですけど、急には難しいですよね。

ママ　まあな、すぐには難しいけどな、大切な心がけやねん。ホンマ、何でもええねん。吉本新喜劇見て笑うことでもええで。ああ、関東の人はあんまり見いひんのかな。でも、**これ、ホンマ大事なことやねんけど、「自分の機嫌を自分でとる」ってことやねん。**自己肯定感を高く保つためにもな。普通、家で自分の機嫌が悪くなったら、誰かのせいにしたくなるもんや。旦那のせい、子どものせい、ってな。でも、そしたら、旦那や子どもがあんたの機嫌を取ってくれるまでずっとすねとかなあかんてことやろ？　せやからな、できることでええから、とにかく自分の心を大切にするのが大事やねん。

多江　自分の心を大切に……。分かっててもなかなかできませんよね。

ママ　ずーっとやってきてないからな。**でも、何でもええから、まずお母ちゃんが笑顔になることが先なんよ。**それは絶対や。それ見たら子どもも安心するしな。それで、そのお母ちゃんの話を聴いて、たくさんほめて、「あんたはよう頑張った」て何度も言ったってな。そしたら、泣いとったわな。ほんで、毎日のようにここに来て話して、泣いてるうちにだんだん笑えるようになってきたんよ。うちも頑張って笑わしたり、いろいろ食わしたりしたってん。そしたらな、ここに来るようになったら3キロ太ったって文句言いよったわ（笑）。

多江　アハハ、良かったですね。でも、ママさん、ほんと優しいなあ。

ママ　あんたも分かると思うけどウチ、けっこうヒマやんか。人としゃべるんが好きやから全然苦にならへんしな。でな、そしたらな、だんだんお母ちゃん、元気になったんやろな。それまではたまにパートするだけやってんけど、正社員の仕事見つけてきてな。

多江 じゃあ……離婚を？

ママ そうやな。子どもたちのためにもなんとか離婚だけは避けたい、いう思いが強かったらしいけど、だんだんその気持ちも冷めてきてな。自分が元気で笑顔やったら子どもたちも幸せなんや、って気づいたんよ。引きこもりの娘に「お母ちゃん、最近、なんか楽しそうやな」って言われたことも大きくてな。ちゃんと子どもは見てるんやな。それで、旦那に全部条件飲んでもろて、慰謝料とか、養育費もきっちり取ってな、それで離婚したんやな。

多江 へえ、急展開ですね。

ママ まあ、そういう問題になる前から、旦那への気持ちはちょっと冷めてたんかもな。仕事始めたらどんどん元気になりよった。ここには仕事帰りにちょっと顔出すだけになっててんけど、ずいぶんと綺麗になっとったで。その頃、娘は相変わらず不登校やってたんけど、だんだんお母ちゃんと話する機会も増えてな。兄弟とも元気に遊ぶようになってなあ。そしたらお母ちゃん、「別に学校行かへんでもええか」

て思えるようになってんて。「人生、長いんやし、好きにしたらええわ」って。そしたら、子どもたちも「**お母ちゃんがそない元気になるんやったら、はよ離婚したらよかったのに**」って言いだしてな。家族で笑うことも増えたらしい。

多江　すごいですね。変わるものだなあ。

ママ　そしたらな、ある日突然、娘ちゃんが制服着て起きて来てな。普通に朝ごはん食べて「行ってきまーす」言うて学校行ったんやて。お母ちゃん、一瞬何が起きたか分からんかったらしいで。まあ、今日一日くらいやろ、と思ってたら、その後も普通に学校行くようになってんて。そしたらその日の夕方な、うちが店、開けてるところに飛び込んで来てな。「娘が学校行くようになったんです！」って教えてくれてん。「ホンマよかったなー」言うて、抱き合って泣いたわ。

多江　なんか、私もじーんときちゃいました。そんなことってあるものなんですね。

ママ　せやな。あるもんやな。でもな、たぶん、その子からすれば「家にいてもヒマだし、そろそろ学校でも行くか」てなもんかもしれん。お母ちゃんも元気になったし、家にいる必要もなくなったんやろ。

多江　じゃあ、その子はお母さんを心配して不登校になったってことなんですか？

ママ　もちろんそれだけやないし、それは誰にも分からんことやけど、案外、家族ってそういうもんちゃうかなあ。日に日に暗く、落ち込んでいくお母ちゃんを見て見ぬ振りができん、優しい娘なんかもしれへんで。もしかすると、やけどな。でも、不登校が解消するのって案外、そんなもんらしいで。うちもそないたくさん知ってるわけやないけど、たいがい、ある日突然学校に行き始めるらしいわ。それも親が「まあ、好きにしたらええわ」と思った頃にな。

さて、今回のケースでは子どもが学校にまた通い始めたが、最近では「転校」したり、オルタナティブスクールに通い始めたりするケースも増えているようだ。

子どもが学校というシステムに合わなかった場合などは、選択肢がかなり限られてしまっているように感じるかもしれないが、最近はさまざまなカリキュラムを持つ学校も増えているので、きっと「この子に合う学校が見つかる」と信じて探し続けてみるのもいいだろう。
もちろん、子どもの意向を聞きながら、家族で話し合いながらの作業になるので、その行動そのものが家族の絆をより深めるきっかけになったら、なお素晴らしいと思う。

子どもが学校でいじめを受けている

多江　いじめって、やっぱりよくあるんですよね？　私もそんなにひどくなかったけれど、中学生の時にクラスの子に無視されたこともあるし、大人になってからも職場で、お局様からいろいろとひどいこと言われたりしました。

ママ　いじめってホンマ影響が大きくてなあ。子ども時代は人間関係を学ぶ場でもあるから、そこでいじめに遭ったら大人になっても人間不信になって引きずったりするやろ。しかも、子ども同士やから大人の見えへんところでようあるしな。最近はネット越しのいじめもあるらしいしな。**いじめって、何となく「誰もが受けるもの」いう雰囲気ないか？**

多江　ほんとそうですよね。うちの娘も「言葉がおかしい」とか同級生に言われたみたいだし、なかなか学校に溶け込めないみたいで心配なんです。

ママ　でもな、**そういう話をちゃんと親にできるんが大事なんよ。**親に言っても分かってもらわれへんとか、親に言ったら変な心配かけてまう、て思って言えへん子もおるし、親に言うたら「あんたが悪い」て言われてよけいに傷ついたって話も珍しくないしな。

多江　じゃあ、娘の話を聞いて慰めてあげたらいいんですね。

ママ　せや。「辛かったなあ、よう我慢したなあ」言うて抱き締めてあげたらええねん。**親が自分の味方してくれるて分かっただけで、娘ちゃんは安心するんやから。**それに、もっとひどなったら学校に相談してもええけど、学校の先生もよう動かんところがあるからな。それやったらもう警察や。何か証拠がいるけどな。

多江 えっ、警察？　そんな大ごとにしちゃっていいんですか？

ママ かまへん、かまへん。むしろそれくらいせな、学校も真剣に動いてくれへんこと多いしな。あるいは学校休ませたり、転校させたり、フリースクールみたいなところに行かせたり、とにかく子どもを守ってあげることをしたらええねん。でも、そこをな、世間体や内申点気にしてな、子どものことを一番にできてへんところも多いんや。お母ちゃんがそのつもりでも、お父ちゃんが反対したりしてな。

多江 ですよね。**子どもファーストですよね。**

ママ せや、それや。それが大事や。うちに来てくれたお客さんとこでもな、小学校5年生の娘ちゃんが学校でひどいいじめに遭うてたんや。娘も家では普通にしてたしな。親も全然気づいてなかってん。それが物がなくなったり、壊れてたりすることが増えてきて、娘ががさつやからそうなったと思うてたら、どうも様子がおかしいって気づいてんな。でも、娘に聞いても「自分が壊した」しか言わへんねん。

多江　親に言えなかったんですね……。

ママ　せや。我慢しとったんやで、かわいそうになあ。「親に言ったらあかん」て思ってたんやろな。まあ、そういう関係を築いてしまったんやから、もうしゃあないねんけどな。そこの家はな、この近くにマンション買うたから共働きやったんや。中学受験もさせたかったらしいしな。それで親も必死や。気がついたら、子どもとの間に見えない壁ができとったんやろな。さんざん問い詰めたら、クラスの女子からひどいいじめを受けてたことが分かったんや。しかも、半年くらい前からやで。お客さんも「子どもを放っておきすぎた。いい子だから大丈夫って勝手に思うとった」ってさんざん後悔しとったけどな。

多江　それでどうなったんですか。

ママ　うちのところに相談に来はったんは、いじめがわかってから1か月も経った頃かな。学校に相談したら表面上は真摯に対応してくれたんやけど、全然いじめはなくならへんで、娘も気丈に学校に通い続けてたそうや。しかも、「大丈夫だから。

頑張るから」って言いながらな。せやから、うち珍しく怒鳴ってもうたんや。**「娘を守らんで何してんねん！」**てな。

多江　ママさんが怒鳴ったら、めちゃくちゃ迫力ありそうですね。

ママ　そんなことないで。ウチ、こんな華奢やし、声も小さいし、そもそもおしとやかやさかいな！

多江　その声がすでにめちゃくちゃ大きいですけど（笑）。

ママ　さよか？　ウチはこれでも大人しい方やと思うんやけどなー。ガハハ。まあ、それはええとして、その親御さんは「学校にも相談したし、どうしたらいいのか分からないんです」って言うんや。せやからさっきみたいに「警察に相談せえや」って言うたんやけど、やっぱ世間体を気にする親やねんな。さっきのあんたみたいに「そんな大げさなことできません」なんて言うわけや。子どものことちっとも大事にせえへんわけや。せやから、そんな態度やから子どもの心が離れんねんで、って教えたったわけや。子どものことを考えてるつもりでも、世間ばっかり見とる、自分の仕事や家のローンのことばかり考えとるってな。**子ど**

もの「今」を見んと、「未来」ばっかり見とる。子どもは「今」苦しんどるんや。「今」の延長が「未来」や。中学受験だの内申点だの未来のことなんて見んと、今、目の前にいる娘を抱きしめて守ってやらんかい！　ってな。

多江　なんかすごい迫力ですね。

ママ　めっちゃ珍しいことやで（笑）。でもな、やっぱり親も周りの目をずっと気にして育ってきたええ人なんよな。誰かに迷惑をかけるんやないか、この子の将来に不利益があるんやないか、そんなことを一生懸命考えとったわけや。

多江　それで、警察に相談したんですか？

ママ　1回行ってみたらしい。そしたら「証拠があるなら動きます。どうしますか？」って言われて「考えます」って言って帰って来たらしい。さすがにその勇気は出んかったってな。学校に相談しとったんやけど、あろうことか「いじめの事実は確認できない」って返事やってな。女子のいじめはなかなか外からは見えないことが多いしな。娘はそれでも学校に行きたい言うてるらしくて、転校させるのもどうかと。

多江　娘さん、それでも学校に行きたがるんですね。

ママ　親に似たんよ（笑）。親もしんどいけど頑張って会社行って働いてるし、少々体調が悪くても我慢して仕事や家事しとる姿を見てきたんやろな。それ指摘したら二人とも絶句しとったで。でもな、まだそこは夫婦で何とかしようと思ってるから良かってん。別の奥さんが相談に来た時なんて、旦那が「いじめられるのはお前が何かしたからやろ。お前が悪い」って、逆に娘をいじめとったそうや。

多江　えー！　それはひどい！

ママ　そやから、その奥さんに「あんたが強くならなあかん。あんたがここで頑張らな、子どもは学校とお父さんの両方からいじめられることになる。あんたが体張って子どもを守ったり」って言うたんよ。旦那はもともとアスペルガーの傾向がある人やったらしいねんけどな。それで奥さん、毎日のようにここ来て、いろんな話してな、だんだん強い気持ちを持てるようになってな。旦那に言い返して、学校に何度も文句言いに行ったり、あげくは相手の親のところに乗り込んだらしいわ。

多江　それはすごい。もしうちだったら、私にできるかな……。

ママ　そん時になったらウチが気合入れたるわ（笑）。そのお母さんにはな、毎日子どもを抱き締めて**「あなたを愛してる、私があなたを守る。学校なんて行かなくていい、お父さんの言うことなんて聞かなくていい」**って言うようにしたんよ。そしたら、娘も強くなってな、我慢せずに言い返したり、やり返したりするようになってんて。それがええのか分からんけど、いじめはなくなったらしいで。

多江　あ、その前に話してらしたご夫婦の家庭はどうなったんですか？

ママ　せや、話題がそれてもうたな。その夫婦のところも同じことしてもろたんや。娘からしたらママとパパから毎日抱き締められて愛情表現受けるわけやから、心は少しずつ元気になるわな。まあ、でも、5年生やったからちょっと思春期入って来てて、パパのハグはちょっとぎこちなかった言うてたけどな（笑）。

多江　やっぱり、愛情表現って大事なんですね。

ママ　大事も大事や。ホンマ、それだけでええと思うくらいや。そしたらその子がな、だんだん話をしてくれるようになったわけや。「ホンマは学校に行きたくない、怖い」って泣きながらな。それで親御さんは「こんな思いをこの子にさせてたんや」と思ってショックを受けはったんよ。それで夫婦で相談して、その次の日は家族だけで過ごすことにしてん。平日やったけど夫婦も会社休みにして、子どもも学校休ませて、ディズニーランドに行ったらしいで。

多江ママ　ディズニーランド？

娘はディズニーランドが大好きやってな。平日やから空いてるやろ？　めっちゃ喜んだらしいで。それで1日過ごしてな、家族の絆みたいなもんが戻ったんやろな。それで「学校行きたくなかったら行かなくていい。転校してもいいし、学校に行けない子が通う学校もある」って話をしたら、そのフリースクールに行きたいってことになってな。

多江ママ　フリースクールですか？

せや。親もあちこち探してな、娘に合いそうなところを見つけてそっちに通うようになったんよ。そこのスタッフとの相性も良かったんやろな。いろいろと相談に乗ってくれて、娘のこともちゃんと気にかけてくれて。ホンマは6年生になったら学校に戻る予定やってんけど、そのままフリースクールに通うことにして、中学受験して少し離れたところの学校に通うことになったんよ。

多江 やっぱり、公立だと同じ子たちが来るからですか？

ママ そう！　その通りや。子どものいじめはすぐ終わることもあるけど、半年以上続いてるってことは、もっと続く可能性があるやんか。それは正解やったと思うで。

多江 小学校からは何も言われなかったんですか？

ママ そら、ええ顔はせんかったそうや。でも、子どもファーストや。担任や教頭先生にあれこれ言われたらしいけど、親御さんは全然気にならへんかったらしい。

多江 親御さんも強くなったんですね。

ママ まあ、もともと子どもへの愛情は強いからな。そのことを忘れてただけやから、それを思い出したら親は強いで。それが行きすぎてモンスターになってしまう親もいるけどな。**この子を守る！　て思いになったら何でもできるもんや。**あんたたち夫婦にも、そういう愛情はあるんやで。

子どもがいじめを受けていると知ったら、親としてはとてもショックを受けるし、なかなか受け入れられないかもしれない。そして、どうしていいのか分からないという方も多いだろう。しかし、考えているうちにどんどん時間は過ぎていくし、子どもの心はどんどん傷ついていく。だから、気づいたら早めに行動することが何よりも望ましい。

ママは警察に行くことを勧めていたが、ほかに弁護士を使う手もある。学校内の閉じた世界にとどめておくのではなく、勇気を出して公の場に「いじめ問題」を引っ張り出すことで、学校や相手の子どもとその親に現実を突きつけることが可能になる。

もちろん、最近ではＳＮＳなどでその情報を拡散することもできるが、さまざまな意見が飛び交うＳＮＳでは励まされることがある一方、逆に攻撃されたりすることもあるので、一概にいいとは言い切れない。

また、ママが話しているように「転校」や「フリースクール」などの選択肢が現代は増えている（越境入学も認められたりする）ため、その子に合った道を選んであげたい。その際、文中にもあるが、きちんと愛情を示し、子どもにとって「親が味方であること」をちゃんと理解させてあげることが大事である。

共働きでなくても親があれこれ忙しくしていることが多い現代、子どももゲームやネットに時間を費し、家族内コミュニケーションが取れているようで取れていない家庭が多いように思う。スキンシップや言葉での愛情表現は子どもの心を安定させるだけでなく、自信や存在意義を感じさせられるため、自分の人生に自信が持ちやすくなるのだ。

146ページからの事例はまさに、子どもの心の安定のお話である。

なお、いじめ問題について東京弁護士会所属の小川正美先生（南青山J&M総合法律事務所）に見解を伺ってみた。

いじめ問題に対する法的な対応手段としては、ざっくり2つあります。

①民事……相手方の子とその法定代理人の親、学校（公立の場合自治体）に対し、損害賠償請求する（学校に対しては安全配慮義務違反）

②刑事……具体的にケガなどをさせられた、精神疾患が生じた場合、傷害罪が成立し得る

ただ、未成年者の場合は少年事件になるため、一般の刑事事件とは手続がかなり異なります。そして、犯人が14歳未満の場合は、刑事未成年のため、原則処罰されません。

実際の対応としては、まずは学校に改善を求める。改善されないなら転校（子どもの1年は貴重ですし、私は嫌な場所からは逃げろの考えなので）、被害が大きい時は平行して弁護士対応（交渉→調停→訴訟）、と

いう流れです。

民事にせよ刑事にせよ、立証の問題（＝そもそも証拠がない、学校や相手方による証拠隠しという問題）がつきまといます。特に、現実的に刑事告訴をするとなると、ケガの直後などでないかぎり、警察は動かないと思われます。精神疾患の場合は、イジメ行為と病気の因果関係が問題になります。

なので、被害の証拠、たとえば日記、親御さんの聞き取り履歴（改ざん防止のため、できれば手帳や日記帳に手書きが望ましい）を集めておくことが大切です。

精神的に不安定な子ども

多江　最近よく、情緒不安定な子が増えてるって聞きます。娘のクラスでも、突然大声を上げたりする子がいるみたいで。

ママ　せやな、増えてるみたいやな。

多江　はい、ADHDや発達障害の子が増えてるって、ママたちも噂してるみたいです。

ママ　それも、なんやかんやで原因がよう分かってないらしいけどなあ。ウチはよう知らねんけど、専門家の間でもいろいろと意見が分かれるみたいやな。けど、病名にかぎらず、学校で授業に集中できひんかったり、情緒不安定になったりする子は多いみたいやで。ちょっと前にうちによう来てくれたお客さんの息子が、そんな感じの子でな。小学3年生やったかな。学校にも呼び出されて先生から授業態度を注意されたそうなんや。家でも時々奇声を上げたりすることがあったみたいなんやけど、それが学校でも出てたんやな。それでまあ、例によってウチとしては「あんたらの夫婦関係はどうやねん？」って聞いてみたわけや。

多江　やっぱり、夫婦関係が問題なんですか？

ママ　全部とは言わへんけどな。**家族仲良く過ごしてて子どもが学校で問題起こすって、意外とないもんやで。**逆に言えば、何の問題もない夫婦ってのもあんまりおれへんけどな。そこの夫婦は奥さんが相談しに来てくれてんけどな、どうも、旦那さんがけっこう感情の起伏が激しい人みたいやねん。けっこうな企業に勤めてるエリートらしいねんけどな、何かでスイッチが入ると急に怒鳴り散らしたり、モノに当たったりするみたいなんやわ。

多江 なら、お父さんに何か問題があるんですかね?

ママ 普通はそう思うわな。職場でいうモラハラやパワハラが家の中でも起きてるってわけや。大人にもいろいろと病名があるらしいしな。もちろん、その子どもがADHDだから言うて、親が絶対的に悪いって話ちゃうで。

(注) ADHDやアスペルガー症候群、躁うつ病/双極性障害、境界性人格障害など、大人の精神的な不安定を示す症状も多い。もちろん、この辺は精神科・心療内科などに委ねられる問題であり、そこでカウンセラーが関わるケースも多い。

多江　それって、子どもがかわいそうですね。

ママ　まあ、そうやな。子どもはかわいそうやなあ。でも、そのお父ちゃんにもそうならざるを得なかった何かがあるんやと思うわ。職場のプレッシャーやったり、エリートやったら子どもも時代からずーっと精神的なストレス抱えてきたかもしれんし、お父ちゃんのお父ちゃんがまた暴力的やったりすることもあるしな。

多江　そっか。そうですよねえ。ママさんって、見かけによらず優しいんですね（笑）。

ママ　見かけは関係あらへんやろ（笑）？　こんな商売してるとな、いろんなお客さんが来るんや。たいていは職場や家でストレス抱え込んでる人やろ？　パーッと飲んで、グチ言うて、カラオケ歌って、それでスッキリしてくれたらよろしいねん。そら、ややこしい人もおるけどな。この仕事長くやってたら、そんな人にも事情があるって気がしてきて、一概に責められへんようになるんよ。

多江　そうなんですね。私にはとてもできそうもないです……。

ママ　そんなん慣れやけどな。そういや、あるカウンセラーさんは自分とこの弟子に**「カウンセリングの修行したいなら、スナックで働いたらいい」**って言うてるらしいで。うちとしてはそんな人たちが手伝うてくれたら、めっちゃ楽でええねんけどな（笑）。

多江 あはは（笑）。それは頼もしいですね。

ママ あんたもだんだん笑えるようになってきたな。少しずつ変わってきたみたいやで。

多江 そうですか？ 自分ではあんまり気づかないです。師匠！ ありがとうございます。

ママ だんだんノリもようなってきたやんか。ええことやなあ。でも、ホンマそれやねん。**自分のことは自分ではなかなか分からんもんやねん。**けど、自分のことは自分が一番分かっとるって思ってる人も多いんやな。さっきの話のお父ちゃんもそうや。

多江 それでどうなったんですか？

ママ どこまで話したっけ？ せやせや、お父ちゃんがけっこう感情的や、って話な。そのお父ちゃん、自分がエリートで、子どもの頃から成績優秀やったさかい、自分の子どもにもそれを求めはんねんな。1年生から中学受験のために塾に通わせたり、家でも何かと勉強、勉強ってな。3年生くらいからちょっと内容が難しくなるやんか？　それで、少し成績が落ちたらしくてな、そこから特にお父ちゃん、子どもにきつく当たるようになったらしいんや。

多江ママ　教育パパですね。

そうやな。それで子どもはすっかり委縮してもうてな。お母ちゃんが言うには、その子はもともとものを作ったり、絵を描いたりするのが好きやったみたいやねん。しかも、その時の集中力は相当なもんらしい。だから、お母ちゃんとしては子どもが好きなように絵を描いたり、工作したりさせてやりたいらしいねんな。けど、お父ちゃんは「そんなん受験に役立たん！」ゆうて禁止するわけや。それが小学1年生くらいからずっとやから、それでその子もだんだんおかしくなってしもたんかもしれんのやて。

多江ママ　なんか、かわいそうですね。

もちろん、エリートがみんなそうってわけじゃないで。けどな、お父ちゃんは頑張って勉強してええ大学入ってエリートになったもんやから、それが幸せな人生やって思い込みがあったんやな。それで「子どもにもそんな人生歩ませたい」って思うんは悪いことやあれへん。でも、それがその子に合った生き方か？　ってことまで頭が回らんわけやな。

多江　押しつけってことですよね。

ママ　そうや。それにまあ、プライドもあるわな。自分がええとこ出てるさかい、自分とこの子も同じようになってもらわな困るって。

多江　一人っ子なんですか？　その子。

ママ　そうや。結婚してしばらくしてできた子で、生まれた時はお父ちゃんもめちゃくちゃかわいがってたみたいなんやけどな。でも、やっぱり何かの瞬間にすぐにキレるもんやから、だんだん子どもがお父ちゃんを怖がるようになったらしい。それがお父ちゃんとしてはまた気に入らへんかったらしいな。

多江　奥さんも大変ですね……。

ママ　せやな。むしろ、子どものことよりお母ちゃん自身の話を聞くことの方が多かったと思うで。そのお父ちゃん、ふだんは優しくて、紳士的な人なんや。それが何か自分の気に障るところがあったら急に怒り出して、相手が謝っても全然収まらへんのや。でも、しばらくしたら、シュッとそれが収まってな、何事もなかったみたいにケロッとしてるから、周りはほんと怖いわけよ。しかも、どこに地雷があるかが全然分からなくてな。お母ちゃんもほとほと困ってはったで。

多江　だって、奥さんにもいろいろ言うんでしょう？

ママ　そうなんよ。昔、ちゃぶ台ひっくり返すお父ちゃんっていたやろ？　あんな感じで、食事中に急にキレて茶碗投げつけたりするらしいねん。それでお母ちゃん、ちょっと怪我したこともあったらしい。

多江　そういうのって何とかなるものなんでしょうか？　ほんと病院に行った方が……。

ママ　そら、なかなか行かへんて。プライドがあるやろうし、本人は自覚ないねんから。病院行けなんて言うたら、それでまた逆上しはるやろ。

多江　どうしたらいいんですか？　そういう場合。

ママ　**子どもが精神的に不安定になるんは、もともと持ってる気質の場合もあるけどな、たいていは一番近くにいる親の感情を吸い込んでるこ**

とが多いんや。この場合やったらお母ちゃんやな。お母ちゃんがお父ちゃんの顔色伺ってびくびくしとるやろ？　そのびくびくに子どもが影響受けて情緒不安定になるんやな。だから、そのお母ちゃんに言うたったんや。「**その子が奇声を上げる時の声はな、あんたの心の声やねんで**」って。

多江　それで奥さんは何と？

ママ　絶句したはったわ。「あんた、子どもの前でいつも感情押し殺して、ええ母親でいようとしたやろ？　お父ちゃんに怒鳴られても言い返さんと、ずっと我慢して耐えとったやろ？　そこであんたが我慢してた感情を、あんたの息子が吸い取ってくれてたんやで。それはな、あんたを助けたい子どもの愛情や」って言うてん。お母ちゃん、そしたら急にわっと泣き出してな。しばらく何もしゃべれんようなってたわ。

多江　その気持ち、なんか分かるような気がします。

ママ　あんたも、我慢して我慢してやってきたさかいな。そのお母ちゃんも相当限界やったみたいや。でも、お父ちゃんには逆らえへんから、ひたすら我慢するしかなかったんやな。何か言い返そうもんなら、よけいにキレられるからな。嵐が去るのをひたすら待つようなもんや。それでまあ、眠れない日も多いらしくてな。とりあえず、あんたが先に病院に行ってき、って言うたんや。

多江　病院って、精神科とかですか？

ママ　せやな。旦那がこれこうで、それで精神的に参ってしまって眠れません、言うてな。そしたら、その先生が親身になってくれるええ先生でな。「旦那さん、やっぱり病気やないかな」って言うてくれて。機会があったらなんか理由つけて旦那さん連れておいで、って言うてくれたらしい。それでお母ちゃん、ちょっと安心してんな。

多江　いい先生に出会えたんですね。

ママ　お医者さん言うてもピンキリやし、相性みたいなもんもあると思うし、ラッキーやったな。

多江　それで旦那さん、連れて行けたんですか？

ママ　その前に、実家に子ども連れて帰ったんや。

多江　え？　展開早いですね。

ママ　その先生がな、「旦那さんは治療を受けないとよくならん。ひどくなると子どもの将来にも影響するから、一度実家に帰った方がいい」って言うてくれたんや。実は、その病院の帰りにまたうち寄ってくれてな。店、開いてない時間やってたけど「どうしたらいいですか？」って言うから、「帰れる実家があるんやったら帰った方がええよな」って言うたんよ。そしたら、意外と行動早くてな。次の日かその次の日くらいにはもう実家に帰ったんよな。

多江　何か、うちの場合と似ているような……。

ママ　そうやな。ちょいと似とるな。でも、違うのは、お母ちゃんの実家がそない遠くないってことやねん。

多江　じゃあ、お子さんは転校せずにすんだんですか？

ママ　そない遠くないけど、でも、学区外やったから定年退職したおじいちゃんが毎日送り迎えに行くことになったらしい。そもそも事情を聞いてそのおじいちゃんおばあちゃんが激怒してな。「そんなん、気がすむまで家にいたらええ」って言うてくれたらしい。ありがたい家やな。

多江　旦那さんはどうしたんですか？

ママ　しばらくしてから謝りに来たらしい。平身低頭やったけど、外面がいい人やから
お母ちゃんとしては信頼できひんわけや。だから、ちゃんと治療を受けてよく
なったら、と条件をつけたんや。義理のお父ちゃん、お母ちゃんの前でさすがに
キレられへんで、グッとこらえとったらしい。それで、お母ちゃんが前に行った
病院を紹介したんや。

多江　旦那さん、病院行ったんですか？

ママ　意外とすぐに行ったらしい。先生がお母ちゃんのことも覚えててくれてな、それ
で先生がうまく言うてくれたらしいんや。ちゃんと話も聞いてくれて、お父ちゃ
ん自身が精神的にだいぶ追いつめられてることが分かったらしい。それでそのま
ま2、3か月治療してな、少し落ち着いてきたみたいやからってお医者さんにも
言われて、家に戻ったんよ。でもまあ、何かあったらすぐに実家に帰ればいい、
と思えたのは強いわな。

多江　その旦那さん、ママさんのところにも来ればよかったのに。

ママ　せやで。そしたら、少しは売り上げ上がるがな。でも、来るかなー？　プライドの高いエリートさんがこんな場末のスナックに。しかも、ウチに相談するなんてなかなか勇気要るやろ～。そら、うちの常連さんにもエリートはおるけどな。それとはまた話がちゃうしな。

多江　そう言えば、息子さんでしたっけ？　その後は大丈夫だったんですか？

ママ　それがな、不思議なもんやな。実家に帰ってお母ちゃんが元気になったら、子どももそういうことやらへんようになったんや。学校でもな。今も旦那さんは治療続けてるし、いろいろと心理学なんかも勉強し始めたらしい。自分のことや家族のことをもっと知りたい、言うてな。

子どもが情緒不安定になるのは先天的な症状もある一方、今回の事例のように身近な人の感情に共鳴している（ママは「吸い込んで」と表現しているが）ことが多いように思われる。特に、母親と子どもは心理的

にとても近い距離にあるので、その影響をより受けやすいのだ。

今回のケースのように突然キレる父親の場合、妻も子どもも「いつ爆発するか分からないダイナマイトの上」で生活しているようなもので、常に恐怖心に駆られている。父親の顔色を伺い、キレ始めたら火に油を注がないようにじっと耐えるしかないからだ。アルコールを飲むと急変するケースはよくあるが、お酒を飲んでいないのにそうなる人もいる。そんな場合の精神的なダメージは非常に強く、子どもの様子がおかしくなることも珍しくない。

こういう場合はできるだけその場から逃げることが大切で、世間体やプライドを気にしている場合ではない。今回のケースは幸い近い場所に妻の実家があり、快く受け入れられたが、親が遠方にいる場合やなかなか実家を頼れない場合などもあるだろう。近くのホテルに一時的に身を寄せてもいいし、ちょっと遠方でも、帰れるなら子どもと自分の身を守るために実家に助けを求めた方がいいと思う。

また、そういう状況は役所のＤＶ相談室などに相談してみるのもいい。できれば、夫がキレた日時と様子をメモしておき、また、可能であればその様子をスマホやＩＣレコーダーで録音しておくとなおいい。

子どもの受験に縛られる親

ママ　そういや、ちょっと前に別のエリート一家の奥さんがウチにきてなー、子どもの受験の件で悩んどってん。その話聞いたらウチ、ホンマアホでよかったわーと思ってな。

多江　え？　ほんとにエリートさんがこんな店に来たんですか？

ママ　そうや、なんか文句あるんかいな？　最近、あんただんだんツッコミ覚えてきたんちゃうか？

多江　そうですか？　普通ですよ（笑）。でも、ママさんのこと、初めはすごく怖い人だと思っていたけど、すっごく優しくて、面白い人だって思えるようになってきました。

ママ　ほめても何も出えへんでー。まあ、でも、今の方があんたらしくてええわ。で、そのエリートな奥さんもなー、ホンマ最初はプライドが高い、ちょっと鼻につくタイプやってんけど、だんだん素直になってきてなあ。あのおばちゃん、ホンマ変わったわー。

多江　そうなんですか。ぜひ、聞かせてほしいです。

ママ　その人の家はな、医者一族やってん。お父さんも医者、おじいちゃんも医者、お母さんは看護師、親戚のおじちゃんも医者、お兄さんも医者。ほんで、奥さん本人も医者や。

多江　ほんとに医者一族ですね。すごいですね。

ママ　そやからホンマ、「医者にあらずんば、我が一族にあらず」くらいに思い込みが激しい奥さんでな。お嬢さんが2人おってん。それで、中学受験や。上のお姉ちゃんはもともとまじめでしっかり者で頭もよくて、希望の中学にスッと入ってんな。それで、3歳年下の妹ちゃんもお姉ちゃんと同じ道を進むってことになってん。ところがな、この妹ちゃんがマイペースでな、あんまり勉強したがらへんねんな。

多江 なんか、よくありそうな話ですね……。

ママ せや。勉強よりも漫画を描くのが好きで、将来は漫画家になりたい！って子やねん。けどな、その家じゃ漫画家は「アカン」わけよ。お母ちゃんとしては、何としてでも中学受験してお姉ちゃんと同じ学校に行って、医学部に入ってほしいわけや。だから、ずいぶんときつく妹ちゃんには当たったらしい。でもな、その子もなかなかのもんや。全然、お母ちゃんの話を聞かへんねんて。ウチはその話聞いて、大笑いしてもうてな。めっちゃ大物やで！　って。でも、お母ちゃんにとっては大物になるなら、医者の大物でないとあかんわけやん？

多江 なんか、すごい争いが起きてそうですね。

ママ ホンマせやで。妹ちゃんも一応、塾に通っててんけどな。模試あるやろ？　あれ、めちゃくちゃひどい点数を取ってくるねんて。それで、お母ちゃんはそのたびに怒って勉強させようとするわけや。ところが、妹ちゃんはそんなん言われても「ふーん」って全然気にせえへんのよ。やっぱり大物やろ？　模試の日が近づいてくるたびにお母ちゃんの方が緊張して眠れなくなるくらいなんやわ。しかも、模試では毎回史上最低点を更新してくるわけや。もちろん志望校判定なんて最悪やわな。それ見てお母ちゃん、寝込んでしまうねんて。なんか、聞いてるうちにウチ大声出して笑うてもうたわ。**吉本新喜劇か！**　いうてな。

多江　でも、お母さんは真剣なんですよね？

ママ　もちろん真剣や。それでウチがいろいろと話聞いてたら、こら、お母ちゃんヤバいで！　ということが次々分かってきたわけよ。まずはな、なんで医者にさせたいか言うたら、自分の親や周りの目が原因や。ま、世間体やな。彼女のお父ちゃんも厳しい人でな、「医学部じゃなかったら学費は出さん！」て勢いやってん。しかも彼女、一浪してんねん。現役の時は医学部ダメで、歯学部に受かったんやな。でも、お父ちゃんはそんなん意味ない！　て突き放して、それで浪人してんて。しかも、予備校には通わせてもらえんかったから一人で1年間勉強したらしい。

多江　それはすごいですね。しかし、そのお父さんも厳しいですねえ。歯学部だって十分立派なのに。

ママ　それがまあ、その一家のルールみたいなもんなんやろな。実はお父ちゃんも一浪して医学部に合格してんけど、それでもけっこうバカにされたらしい。それが悔しいというんもあるし、トラウマやったんやろなあ。それで自分の娘は何としてでも現役で医学部に入れなあかん、ってずっと思ってきたんやて。

多江　それって、苦しいですよね……。

ママ　ホンマやな。苦しかったみたいやで。お母ちゃん、ここでホンマよう泣いとったもん。でも、それって妹ちゃんのためやないやんか。自分の体裁保つためやし、親や親戚からあれこれ言われたくないからやし、自分本位なんよな。**いわゆる「他人軸」言うらしいけど、完全に「娘軸」になっとったわな。**自分がなくなって、娘の成績に一喜一憂して不眠になって寝込むほどの重症や。

多江　娘軸……。なんか耳が痛いです（苦笑）。

ママ　ようある話やねんけどなー。自分の思い通りにいかない娘をコントロールしようとして、それでも思う通りにいかへんから、どんどん過干渉になって親子で癒着してしまうんや。共依存とも言うな。それでな、娘ちゃんのことはさておき、あんたがまずしっかりせなあかん言うて、あれこれやってもらってんな。

多江　そのお母さんもお医者さんなんですよね。相当忙しそうですけど、時間とれたんですか？

ママ　二人めの子どもが生まれてからは、あちこちの病院に非常勤で行っとったらしいわ。だから、そんなに忙しいわけじゃなくてな。でも、旦那は勤務医やからめちゃくちゃ忙しくて2、3日家に帰ってこないのも普通らしくてな。一人でそんな思い抱えて二人の娘を育てるって、そら、めちゃくちゃ大変よ。

多江　それでどんなことしたんですか？

ママ　「気持ちは分かるけど、自分と娘との間にちゃんと線引きをした方がええよ」ってアドバイスしてな、こんな言葉を毎日呟いてもらってん。

「私は私、娘は娘。
娘は、私の思い通りにならなくても幸せになれる。
私は、娘がどうなろうとも幸せになれる。
私は娘の選択を支持するし、その生き方を尊重する。
私は私、娘は娘。」

多江　なんかの呪文みたい。それに、ちょっと私も言えないかもしれません。

ママ　あんたも自分の娘、ちょっと背負うクセあるやろ。言うてみ。

多江　え、ええ。「私は私、娘は娘。娘は私の思い通りにならなくても幸せになれる……」なんかきついですね。言えなくはないけど、ウっと詰まるものが……。

ママ　せやろ。でも、それで終わりやないで。最後まで言うてみ。

多江　「私は娘がどうなろうと幸せになれる……」いや、ちょっと抵抗がありますね。「私は娘の選択を支持するし、その生き方を尊重する」うーん……うちの娘、まだ小さいからなあ……。

ママ　な、言いづらいやろ？　でもまあ、言えてる方やな。そのお母ちゃんなんて、「私は私、娘は娘」ってところでさっそくつまずきよってん。「**言えません！　言えません！**」って大声出して泣き始めたんよ。それ見て、この人、めちゃくちゃ苦しんできたんやなって思ったんや。

多江　そうですよね。人の目を気にして生きるのって、ほんとつらいですもん。私も全然立場は違うけれど、周りの人の目線が突き刺さる気持ち、少し分かります。

ママ　そうなんよな。「他人軸」で生きるって、それがつらいところやねん。自分よりも他人を優先するクセがついてしまうしな、人のことで悩むわけや。自分にはどうにもならん人のことでな。それがしんどいんよ。

多江　なんか分かる気がします。私も娘軸で、母軸で、他人軸なところがありますから。

ママ　他人軸になると、相手に振り回されて自分を見失ってしまうんやな。その母ちゃんも娘にさんざん振り回されてたわけや。まあ、ホンマのところは勝手にお母ちゃんが妹ちゃんに入れ込んで、自分で勝手に回ってただけなんやけどな。

多江　でも、それでどうなったんですか？

ママ　そのお母ちゃん、さすが根性あるで。その後、顔見ぃひんな、思ってたら1か月半後くらいにふらっとまた来はってん。それでな、聞いたら、**さっきの言葉をな、気合で毎日言いまくってんて。**そういうところはめっちゃ素直なええ人やろ。そしたら、1か月くらい言い続けたらな、だんだん妹ちゃんのことが気にならなくなってきてんて。その頃ちょうど模試があって、2週間後に出た結果が最悪やってんけど、全然平気やってんて。それどころか「あんたはやればできるから大丈夫や！」って言うようになっててん。信じられへんやろ？

多江　え？　そんなに変わったんですか？

ママ　ウチもびっくりしたでー。でもな、表情も雰囲気も全然前に会うた時と変わっててな。ニコニコしてはんねん。「あれ？　こんな人やったっけ？」ってウチも思たわ。本人も自分の変化にびっくりしたんやて。それで**「自分がどれだけ娘を縛っていたかがよく分かりました。もう自由にさせようと思います」**って言うてたんやな。それから半年くらい経った頃かなー。ちょうど3月くらいに久しぶりに顔見せてくれてな。そしたらなんて言うたと思う？「あの子、

多江
無事、志望校に合格しました」やて。なんやそれ！　ホンマかいな？　って。

ママ
ええーっ？　そんなことってあるんですか？
あるんやなあ、そういうことが。なんでも、妹ちゃんはな、勉強は嫌いやなかったけど、あれやれこれやれっていう授業のしかたが好きやなかってんて。せやから、自由に自分のペースで勉強するならいいらしいねん。それでちょうどお母ちゃんが「娘軸」を手放して「自分軸」に戻った頃に、不思議と娘ちゃんもガラッと変わったらしいねん。その頃に「ウチ、本気出すで」っていきなり言い出して、そっから自分で猛勉強始めたらしい。あのお母ちゃんが心配するくらいのめり込んでやってたら、模試の結果もうなぎのぼりでな。それで無事合格したっちゅうわけや。

子どもの受験というのは、多くの親にとって大きな心配ごとになっていることが多い。そのため、勉強の進み具合や模試などの結果に一喜一憂してしまうことも珍しくない。その結果、子どもとの間に境界線が引

けなくなり、「他人軸（子ども軸）」になって時には癒着してしまうことも多くなる。

同時に、それは過干渉になってしまうことを意味し、結果として子どもの人格や思考、気持ちを踏みにじってしまうことになる。これは子どもが将来、自分の意思でやりたいことを見つけたり、より良い人間関係を構築したりする妨げになってしまうものだ。「子どものために」と思ってやっていることが、かえって逆効果になってしまうのはあまりに切ない話である。

そこでは「自分は自分、子どもは子ども」と一線を引くことが大切だ。癒着関係にあると、この一線を引くのがとても難しく感じるが、「見守る」「信頼する」ためにも大切な意識であると思う。

文中に出てくるアファメーション（自分自身に対する肯定的な宣言）は実際とても効果的で、子どもとの関係改善にも役立っているので、気になる方はぜひ試してみてほしい。

子どもをうまく愛せない親

ママ　今まではな、親が愛情深いケースを話してきたやろ？　過干渉になってしまうのも愛情があってのこと、って見ることができるんやけどな。でも、そんな素直に子どもを愛せる親ばかりやないねんな。それにな、子どものことは好きやけど子育てや家事が苦手で、そこで悩んではる親御さんも少なくないんや。「子どもはかわいい宝物、だから絶対に愛さないといけない」て思い込みに縛られて、めちゃくちゃ自己嫌悪してもうてる親もいるんや。今日はそんな話をしよかと思うんやけど、ええか？

多江　ええ。私からすると信じられない気もしますけど、たしかに私も子育てに向いてる？　と面と向かって聞かれたら、自信ないですね……。ほかのお母さん方はもっとうまくやっているように思えるし……。自分なんてまだまだだって思ってしまいます。それに、いろいろと子どもに苦労をかけてるのは事実ですし。

ママ まあ、それも罪悪感やな。でも、こうしてうちみたいなところや、ちゃんとしたカウンセラーさんや、役所に相談しようって親はまだ愛情がある方やで。それで悩んではるんやから。

多江 どんな方なんですか？

ママ もともと、うちの常連さんの知り合いの奥さんでな。奥さん同士が仲良しで、子どもの年齢も近いから相談したみたいなんや。それでウチの店すすめられて、フラッと昼間に奥さん同士で来てんけどな。だいぶ、思い詰めてたんよ。

多江 うまく子どもを愛せない、って？

ママ そうや。その時は娘さんが4歳くらいでなー。まあ、写真見せてもうたけどかわいい子やねんな。でも、**子どもがママに甘えよう思うて近づいてくると、なぜかゾッとしてしもうて拒否してまうねんて。**それが子どもが2歳くらいの頃からあってな。かわいいと思うんやけど、正直うっとうしいし、そんな自分は母親失格やって思うし、ホンマ自己嫌悪のカタマリみたいな人やったわ。

多江　それって、子育てノイローゼみたいなものですかね。

ママ　それもあったと思うわ。だいぶ頑張ってはったみたいやしな。旦那さんは普通のサラリーマンで、育児にも協力的な人やったけど、仕事で疲れてる旦那に甘えるのもなんかイヤやねんて。

多江　その旦那さんは、ここに来たことはないんですか？

ママ　ないない。家がちょっと離れてるさかいな。常連さんはこの近所に住んではってんけど。だから、うちも結局、奥さんにしか会うてへんねん。

多江　やっぱり、夫婦関係の話から聞かれたんですか？

ママ　いや、何となくやけど旦那さんとはうまく行ってるような気がしたからな、ズバリ自分の親との関係に踏み込んだんよ。

多江　あ、私と同じだ。やっぱりお母さんといろいろあったんでしょうか？

ママ　それがなー、そのお母さんが、まあ素晴らしい親でな。とても優しくて、家事も子育ても完璧にこなして、それでいてパートに出て家計を支えるって、いわば、スーパーオカンやったんやな。だから、その奥さんも結婚するまで何不自由なく育ったし、結婚してからもいろいろお母さんが手伝いに来てくれてだいぶ助かってるんよ。

多江　へえ、いいお母さんだ。近くに住んでたんですか？

ママ　いや、それが実家は茨城の方らしくてな、いつもわざわざ片道2時間かけて来てくれるんやて。それで「あんたはいつも頑張ってるんやから休んどき」言うて、お母さんが来てくれる時は自由にさせてくれるんやて。

多江　えー、いいなあ。うちは大阪に住んでたし、厳しい人だからそんなこと一度もなかったな。でも、なんか、凄すぎるお母さんですね。それだとかえって、娘としてはやりづらいかもしれないですね。

ママ　そうや、その通りや。あんたもだんだん分かってきたなあ。うちも話を聞いとって、そんなスーパーオカンの娘やったら苦労するで、って真っ先に思ったさかい。**子どもっていうんは、いつになっても親が基準になるんや。**それが子どもが生まれたら、なおさら親の影響がもろに出るんよな。その人みたいに親がいろいろとしてくれて嬉しかった場合は「自分もそんなふうにせんとアカン」って思うし、逆に親に不満だった場合は、反対のことをしようとするわけや。

多江　**反面教師ってことですね。**私はどっちかというと母親を反面教師にしていましたけど、その方は違うんですね？

ママ　そうや。お母さんが何でもよくしてくれたから、同じように子どもにもしてやらなあかん、って思い込んでたんやな。それに自分もそうしてあげたいって気持ちもあったみたいやしな。まあ、愛情はあるわけや。それをうまく表現できんと悩んどったみたいやねんな。それで、**「スーパーオカンを持つ娘は悲劇やねん」**という話をしたんや。基準がそんなオカンやから、子どもとしては劣等感しか感じられへんし、自分のことを相当責めてしまうんやな。いろいろ話を聞いたら、けっこうやってはるんよ。子どものご飯もちゃんと手作りして、部屋もきれいにしとったらしいし、幼稚園の活動にも積極的に行くようにしてたらしいんや。

多江　そんなの、私だってちゃんとできてないのに。

ママ　**要は、基準が高すぎるわけや。**どこをちゃんとやっても「お母さんにはかなわへん」って思うようになってしもてな。いつしか「自分は子どもを愛せない。母親失格や」って思い込むようになったんや。しかもな、やっぱりお母さんは子どもの扱い方がうまくて、娘がすごくなつくんやて。「ばあばは今度いつ来てくれるの？」っていつも言ってたらしい。その声を聞くたびに「あんたは母親失格や」って言われてるような気がして、ホンマ苦しかったらしいねん。

多江　それで、子どもが甘えてくると拒否しちゃうようになったんですか？

ママ　子どもに対して罪悪感感じてるやろ？　その子どもが近づいてくるわけや。しかも笑顔で。そら怖いで。言ってみれば自分が加害者で、子どもが被害者やと思てるわけや。被害者が加害者のところに来るって、そら怖いやろー。罪悪感を持ってるとな、子どもが甘えてきたら**「私なんかでごめん！　近づかんといて！」**って思ってしまうんよ。

多江　その気持ち、すごくよく分かります。その奥さん、相当つらかったでしょうね。

ママ　せやから、周りから見ればちゃんとやってるように見えても、心の中は嵐やねん。あの暗い顔は、罪悪感のカタマリなんよな。

多江　それでどうしたんですか？

ママ　お母さんの影響が強いし、心の距離も近かったからな、少し離れなあかんて思ったんよな。そんなお母さんやから、ちょくちょく電話してきてくれはんねんて。娘のことが心配なんやろな。お母さんは優しくしてくれてるんやけど、電話が鳴るたびにドキッとしたらしいわ。自分が子育てで悩んでるなんて、オカンには言われへんしな。いつも元気なフリせなあかんし、それもしんどいわけや。

多江　やっぱり、そういうお母さんにも言えないんですね。私なんてとても言えなかったですけど。

ママ　そりゃ、言えば受け止めてくれるし、優しくしてくれることは分かってるよな。でもな、それもまたつらいねんで。ますます「自分はダメな母親」って責める理由になってしまうんよ。それに、まだまだお母さんの助けが必要って甘えてるみたいやし、親離れできてへん気がして、頼るに頼られへんのやろな。

多江　あ、そうか。だから、お母さんが何をしてくれても自分を責めちゃうんですね。

ママ　せや。それでうちのところに来た頃はな、子どもも自分に気を使うようになってしもうてんて。何かと自分の顔色伺ってるのが分かってな、それもまたつらいやろー。

多江 ですね。身につまされます……。私も娘が私の様子を伺ってるのが分かったら、すごく責められてる気持ちになりますもの。

ママ せやろ？　だから、「茨城のお母さんとはちゃんと距離を取らなあかん、あんた、お母さんから自立して大人にならなあかん」って話をしたんや。

多江 たしかにそうですよね……。でも、距離を取るって具体的にどうしたらいいのか分からないです。

ママ 本人も同じこと言うてたわ（笑）。まずは、自分からお母さんに連絡せんように、て言うたんや。お母さんからかかってくるんはしゃあないけどな、自分からはしたらあかんで、と。実際、あれこれ分からないことがあったらお母さんに聞いてたらしいしな。まあ、親離れ、子離れができてへん親子やってんな。

多江 それって、簡単にできるんですか？　それまで頻繁に連絡してたんですよね？

ママ でもまあ、よほどお母さんのことがしんどかったんやろな。自分から連絡取らんでもええねや、と思ったら意外と楽になったらしいで。それで、その日から自分からは一切連絡せんようにしてん。そうでなくても、お母さんからはかかってくるけどな、それでもだいぶ違うで。それで距離が空いたら「あんたとオカンとの間にちゃんと線引きをしていこう」って話をしたんや。

多江　あ、この間の娘さんとの間に線を引く、というのと同じですか？

ママ　そう、同じや。言ってもらう言葉もほとんど同じや。

「私は私、お母さんはお母さん。
私はお母さんに関係なく幸せになれるし、お母さんは私がいなくても幸せになれる。
私は私、お母さんはお母さん」

多江　それ、言いづらかったんじゃないでしょうか？

ママ　言葉にするには勇気がいったやろな。本当にそうなったらどうしよう……って不安になっとったから、だいぶお母さんとの距離は近かってんな。まあ、親離れできてないのは、まだ心が子どものままでいたいってことやろ？　そしたら、自分の子どもを育てるのに自信は持たれへんよなあ。とにかく「お母さんと私は別の人間」ちゅうことを、ちゃんと自分に分からさなあかんわけや。

多江　それって普通に思えそうなんですけど、難しいものなんですか？

ママ　そら、表面上はそんなこと思てへんで。けどな。「**お母さんと同じようにせなあかん、お母さんみたいにできない自分はダメだ**」って思うってことは、**お母さんと自分が同じ人間のように錯覚しとるわけや。**

多江　たしかに。

ママ　それでな、しゃあないから「**あんた、子育てが向いとらんだけや**」って言うたったんよ。

多江　え？　子育てに向き不向きなんてあるんですか？

ママ　そら、あるやろー。なら聞くけど、あんたは料理、得意か？

多江　え？　得意とまではいかないですけど、家族に食べさせるくらいはできますよ。

ママ　そら、相当レベル高いな。うちの店でも料理作ってほしいわ。しょうもない乾きものだけやと飽きるって、常連さんにつつかれとるさかいな（笑）。けどな、料理が苦手な人っておるやろ？

多江　そりゃ、いますよね。私はアイロンがけとか針仕事は苦手ですもん。

ママ　それと同じで、子育てにも得意・不得意、合う・合わないがあるんよ。けどなあ、それをほとんどの親は認めたくないねんな。それが不幸の始まりや。しかも、自分のオカンが完璧にできる人やったら、そら、娘としては苦しいで。

多江　それであえて「自分と母は別人なんだ」って思い込むわけですね。

ママ　そうや。はっきりそれを認識できひんかったら、いつまでも自分に向いてないことや苦手なことで自分を責め続けなあかんようになる。「自分のオカンは子育てが好きで得意やけど、ウチはそうでもない」ってことを認めなあかんわけや。

多江　苦手って認めるだけで変わるんでしょうか？

ママ　あんた針仕事が苦手や言うけど、ボタンつけたり、ゼッケン縫いつけたりせなあかん時あるやろ。そういう時、どうしてんの？

多江　それは苦手なりに何とかします。ややこしいのは誰かにお願いしますし。

ママ　そういうふうになるやろ？　苦手なりにできる範囲でやるし、できひんかったらお金払うてでも誰かにお願いするわな。**向いてないって認めてしまえば、それができるようになるんやな。けど、子育てに関してはなぜかそれがアカンことのように思うてしまってるんや。**同じやで。何でも。

多江　それで、その奥さんにも「できる範囲でできることをやって、できないのは誰かにお願いしたらいい」ってお話ししたんですか？

ママ　せや。しかも、それに罪悪感なんて感じひんでもええねん。**そもそも、人間はできることしかできひんねん。**それなのに「やらなあかん」と思い込んでできひんことを無理して頑張ってしまうんやな。その先にあるのは、この奥さんと同じ袋小路や。

多江　でも、**できないことはできるようになった方がいいって思っちゃいますよね。**しかも、子どもに関することなら。

ママ　それがしたかったらな。「もっと子育てがうまくなりたい」って思えるんだったら頑張ったらええ。あんたはどうや？　針仕事がもっとうまくなりたいと思うか？

多江　えー、思わないですよ。洋裁とかできたら子どもの服も作ってあげられるからいいな、とは思いますけど。私、針に糸通すだけでほんとひと苦労なレベルだから、無理ですよ。

ママ　それでええねん。**うまくなりたいと思えば頑張ればいいし、そうでなければ誰かに任したらええだけや。**でもな、子育てに関してだけはなんかそれじゃあかんような気がしてまうんよな。しかも、自分のオカンがちゃんとしてるだけに、よけいにな。

多江　お母さんとの間に、いろいろありそうな感じがしますね。

ママ　お、勘がさえとるな。そうや。ホンマにそうやねん。その奥さんな、ずっといい子をしてきたと思うねん。お母さんがすごい人やからってのもあるけど、それに応えてきた彼女は「スーパーいい娘ちゃん」なんや。

多江　なんか語呂がダサいですね、それ。

ママ　うっさいわ（笑）。ウチかて、今言うた瞬間後悔したわ。まあ、ほんでな。ちゃんと親離れするために、あれこれ聞いてみることにしたんやな。その時はもう2、3回会うてたかな。

多江　なんか怖そうですね。

ママ　なかなかガードが固くてな（笑）。「お母さんに怒ってるところはないか？」とか「我慢してたことってなかったか？」とか「お母さんに言いたいけど言えなかったこととってないか？」とか聞いてみてんけど、なかなかしっぽを出せへんかってん。けどな、**「あんた、何かオカンに隠してることないか？」**って聞いてみてん。そしたら、サッと顔色が変わってなー。「誰にも言わないでくれます？」って。どんな秘密なんやろって、期待してまうやろ？

多江　ええ、何だったんですか？　実は犯罪に手を染めてたとか（笑）？

ママ　うちもそれやったらオモロイな思ってたん。それがな、高校生の時にオカンに内緒で大学生とつき合うててんて。しかも、別に素行に問題があるような人じゃなくて、普通にええ人だったらしいで。

多江　え？　そんなこと？　普通じゃないですか？

ママ　そう思うやろ？　思わず、新喜劇並みにコケそうになったわ。でも、**彼女にとってはな、それが重大な秘密やってん。**別にお母さんが恋愛禁止してたわけやないんやけど、そんな雰囲気があったんやろなー。だから、必死に隠してたらしいわ。

多江　なんか、かわいらしいですね。

ママ　せやろ。けど、そんなことを重大な秘密やって思うくらい、お母さんとベッタリやったってことやんか。そんなんやから、常にオカンを意識しながら生きてきたんやと思うで。

多江　親離れできてなかったんですね。

ママ　でも、そこからいろいろ出てきたんや。我慢してたこともあったし、お母さんに気を使てたし、ええ子にしてなあかんって学校でも優等生やってたし、ホンマは苦しかってんな。それで、ある時「ちょっと夜、店に来てみいひん？」って。

多江　え？　どうしてですか？

ママ　彼女からしてみれば、子どもを旦那に任せて夜スナックに飲みに来るなんて、相当悪いことやろ？　知らんうちに彼女はええ子になりすぎてて、そのままええ妻、ええ母になろうと頑張りすぎてたんやな。それで子どものことが愛せへんって思い込むようになってしもたんや。だから、ちょっと道から外れてみたらどうかなって思たんよ。

多江　彼女、来たんですか？

ママ　来たで。旦那がたまたま早く帰れる日があってな。それでちょっと出かけてくる言うて、わざわざ電車に乗って来はったわ。ほんで、お客やのうて、こっちでいろいろ手伝ってもろたんや。ちょうど金曜やったかな。珍しくお客さんの多い日で、うちもめっちゃ助かったしな。ビール出したり、買い出し行ったり、お勘定してもろたりして、ウチもずいぶん助かったわ。まあ、客商売には慣れてへんからぎこちなかったけど、そんなことで文句言う客、うちにはおらへんしな。

多江　そりゃ、ママには逆らえないですもんね（笑）。

ママ　ウチの教育のたまものやな（笑）。ほんで目玉焼きやら野菜炒めやら、なんか簡単な料理もしてもろたんや。それがまたうちのお客さんにめっちゃウケてなあ。「あったかいものが食べられるなんて幸せ～♪」って調子こいたヤツもおったくらいでな。でも、彼女、それもめっちゃ嬉しかったらしいわ。

多江　なんかお客さん、よほどひもじい思いをされてたんですかね？　しかも、お客さんのことを「ヤツ」って（笑）。

ママ　ええやん、そういう店なんやから。ツマミはスーパーの特売で買ってきた乾きもんだけで十分やろ。ほんでな、その彼女な、何かが吹っ切れたみたいになって。何でも子ども置いて夜出るのはものすごく久しぶりやったみたいで、しかも、オカンやなくて旦那に預けてなんてのは初や。しかも、行き先がこんなタバコくっさいスナックやろ？　そら、カルチャーショックやわな。「こんなことしても大丈夫なんですね」って感動したはったわ。

多江　バイト料とか払うんですか？

ママ　んなもん払うかいな（笑）。いつもタダで話聞いてるさかい、相談料がわりや。あんたもいつでも夜来て手伝ってくれてもええねんで。旦那とはち合わせになるかもしれんけどな（笑）。

多江 なんかコキ使われそうで怖いなあ……。だって、常連さんが皿洗いしたりしてるんでしょう？

ママ どうしてもやりたい言うから、しゃあなしにやってもらってんねん。別にウチがやれ言うたわけやないはずや。ガハハ（笑）。

多江 それはウソでしょう？　でも、それで彼女は子どものことは大丈夫になったんですか？

ママ すぐには変わらへんかってんけどな、でも、だいぶ肩の力が抜けたみたいやった。ずっと専業主婦やっててんけど、そのあとバイト始めたんよ。子どもが幼稚園行ってる間やけどな。うちで働いてくれたらよかったんやけど、もともと花が好きやから、家の近所の花屋で働き始めたらしい。それに、オカンと距離を置き始めて気持ちも軽くなってな。自分は自分でええんや、と思えるようになって、オカンの束縛から抜け出せるようになったんやろな。娘ちゃんにもだんだん笑顔が戻ってきて、旦那さんにも優しくできるようになって、ええ感じになったらしいわ。

多江　良かったですね。

ママ　あの子の場合はな、オカンのこともあったけど、「子どもは好き、でも子育ては苦手」ってパターンやったんやな。中にはホンマに子どもが苦手って子もおるけどな。でも、ホンマは愛情があってん。だから**「できひんもんはできひん」って認めて、できる範囲でやるようにしたらええねん。**家事も手を抜いたらええし、子育てかて一人で全部抱えんと、誰かを頼ったらええ。そうして**お母ちゃんが笑顔でいることが、一番の子育て**やと思うんや。

多江　初めてママに会った時も、同じこと言われましたね。ほんとにそう思います。

「子どもを愛せない」と思い込んでいる母親の場合、今回のケースのように「本当に子どもが嫌いなんじゃなく、子育てが苦手なだけ」ということが意外と多いように思える。また、お母さんが凄すぎて高いレベルを求めすぎて、子育てが苦痛になってしまっていることも意外と多いのではないだろうか？

そもそも自分の子ども（特に同性の第一子）には、自分の心の中を投影しやすい。自己嫌悪が強いタイプはそれを子どもに投影して、子どもとどう接していいのか分からなくなるものだ。だから、子どもとの接し方を考えるより、自己嫌悪をなくすように自分と向き合った方が早く問題は解決する。自己嫌悪をなくす、ということはすなわち、自己肯定感を上げる、ということにほかならない。

「子育ては自分育て」と言われるが、子どもと向き合うことは、自分自身と向き合うことと同じ意味になり、自分自身がより成長できる貴重な機会なのだ。

周りの子と比べてしまう親

多江　今日はママにちょっと聞いてほしい話があるんです。娘のクラスのママとこの前ちょっと話をしたんですけど、そのママが何かと「うちの子は○○くんに比べて勉強ができない」とか「○○ちゃんに比べてまだ子ども」とか、いつも誰かと比べたがって、あげくの果てに「志穂ちゃんは、ママに似て美人でいいなあと思ってるの。うちの子、そうでもないから羨ましいわ」って言われちゃって。その娘さんも目がぱっちりしててかわいらしい子なんですけど、お母さんからそんなふうに思われてるってかわいそうですよね。何でそんなに比べちゃうんですかね？

ママ　まあ、それも親の愛情から来るもんやけど、でも、そんなふうに周りの子と比べる親は、何でか日本にはめちゃくちゃ多いわな。同級生と比べる場合もあるし、きょうだいやいとこや近所の子と比べたり、自分の小さい頃とくらべる親もおるで。まあ、その根っこには「親自身に自信がない」っちゅうのが大きな原因なんやけどな。

多江　自信がないからですか？

ママ　**自信がないから比べて、ちょっとでも周りより勝ってるところを見つけて安心したいわけや。**でも、そう思うってことはずいぶんと親自身が自分にダメ出ししとるからでな。劣等感いうか、自己嫌悪のカタマリになっとるわけや。自分自身がそうやから、子どものことが気になってしゃあなくなるわけやな。

多江　そうなんですね。やっぱり、親自身の自己肯定感が大事ということですか？

ママ　せや。その通りや。うちの男のお客さんでもな、同期の子どもはどこどこの大学に行ったのにうちのはさっぱりや、とか、あの家は海外生活が長いから子どもが英語ペラペラで将来有望やけどうちのはダメや、とか、そんな話もよう出てくるで。そのたびにウチが言うたんねん。**「そんなん、あんた自身の問題や。子どもをそんなふうに見んなや」**って。

多江　お父さん方も、やっぱりあるんですね。

ママ　そらあるで。お父ちゃんはお父ちゃんで会社で比べられまくっとるわけやし、家に帰ったら「あの家のお父さんは育児に積極的だけどあんたは何もしてくれへん」てグチ言われるわけやし。

多江　たしかに。

ママ　学校も会社も、相対評価で成績が決まるわけやろ？　「他人と比べてあんたはこれくらい」ってことやんか。そこに縛られとったら、必然的に誰かと比べるクセがついてしまうわな。そもそも、思春期になると周りと自分を比べるようになるもんや。あんたも中高の時、周りの子と自分を比べて一喜一憂してなかったか？

多江　ああ、ありますあります。私、中学生の時、ちょっとぽっちゃりしてたんです。それでスタイルいい子にすごく憧れてました。髪もクセっ毛だからストレートヘアの子がいいなって。成績ではあんまり人と比べなかったですけど、外見はすごく気にしてました。今は、電車とかで若い子が隣にいたらちょっと気にしちゃうかな。

ママ　そんなこと言うてもしゃあないねんけどなあ（笑）。**そうやって、うちらはいつも誰かと比べて生きてしまうんやな。**普通は思春期が終わって大人になっていくと「自分」ができていくようになるやろ？　周りと比べるんやなくて「自分は自分だ」って思えるようになるわけや。けど、日本では周りに気を使う人が多いから、なかなかそうは割り切れへんでな。それで、なかなか比べるクセが抜けないまま大人になってしまうんや。

多江　ママさんは、そんなことないんですか？

ママ　ホンマにないって言うたら嘘になるかもしれんけど、まあ、ないな。隣の店の方がにぎわってたって気にならへんし、こんな体型やろ？　気にしてたらもっと痩せとるわな（笑）。

多江　いいなあ。私もそういうふうになりたいです。

ママ　え？　こんな巨漢になりたいんか？　変わってんなあ。

多江　違いますよ（笑）。人と比べないようになりたいってことです。

ママ　そっちか。そらそうやな。でも、さっきの同級生のお母ちゃんみたいにあれこれ周りと比べられたら本人も気になるし、そういうふうに誰かと比べるクセはついてまうわな。そのお母ちゃん、よっぽど自分に自信がないんやろな。

多江　やっぱり、夫婦関係とか親子関係が原因なんですかね？

ママ　それが大きいやろな。親が世間体を気にしてたり、あまり親がほめてくれんとダメ出しばかりされてたり、自己肯定感が育たんまま大人になってもうたんやろな。もちろん、ほかにも原因はあるで。それまで自信満々だった人が仕事で大きなミスして一気に自信なくしたり、大失恋したり、受験に失敗したり。なにかうまくいかへんことがあって、それで自分のことを否定したら、周りのことがうらやましくなって比べてばかりいるようになるわな。

多江　じゃあ、嫉妬とかも関係あったりしますか？　そのお母さん、ちょっと志穂や私に嫉妬してるのかな？　って思ったんです。

ママ　大いにあるで。実際そのお母ちゃん、あんたたちに嫉妬してるんやと思うで。**誰かと比べて自分が劣ってると思ったら、自分に対しては劣等感、相手に対しては嫉妬心を持つんや。**それを素直に「いいなあ、うらやましいな」て認められたらええねんけど、それが時には変な恨みみたいなもんになってまうこともあるしな。

多江　比べるのって、怖いですね……。

ママ　自信がないからやけどな。それにな、あんまり知られてへんねんけど、**親が子に嫉妬することもあるんやで。**

多江　え？　そうなんですか？　そんなことってあるんですか？

ママ　あるがな。めっちゃあるがな。子どもの方がかわいい、とか、頭がいい、とか、異性にもてるとかもあるしな。あと時代的なものもあってな。昔は女の人はあんまり表に出られへんかって、大学に行くことすらよく思わへん親もおったんや。それで高卒で就職した人なんて、自分の娘が大学進学することで露骨に嫉妬したりすることもあるで。

多江　たしかに。身内だけに、よけいに複雑な気持ちがしそうですね。

ママ　そうや。ウチのところに子どものことで相談に来はる人の中にはな、やっぱりそのお母ちゃんみたいに周りの子と比べまくって、それで凹んでる人もおるんや。**「アホか。ちゃんと自分の子どもを見てやらんかいな！　自分とこの子のええところもっとたくさんほめてあげなはれ！」**って言うんや。

多江　私も周りの人と比べるクセがあるかもしれないです。こっちに引っ越してきたからやっぱり肩身が狭い思いをしてるのも、周りの家と比べてしまうからだと思うんです。でも、やっぱり自己肯定感が大事なんですね。

「他者と比べる」というのは思春期以降、他人と自分の区別ができるようになった頃から始まるもの。多江やママが言っていたように、見た目や勉強に関することはもちろん、家柄とか持ち物、あらゆるもので私たちは誰かと比べてしまうものだ。

そこにはママが語っていたように「自信のなさ＝自己肯定感の低さ」があり、その原因は、大人になる際に「アイデンティティ」を確立できなかったことが多い。つまり「自分が何者なのか？」が明確にならない（＝他者との分離がきちんとできない）まま大人になってしまっているのである。もちろん、その答えは一生かけて見つけていくものと言えるが、親の意向に流されて大学に進学したり、就職したりして、レールの上をずっと走って来た人はその傾向がより強くなる。

改めて「自分」を見つめ直すこと（＝自己肯定感を上げること）で、子どもに対しても「うちの子はうちの子らしく成長してくれたらいい」と確信を持てるようになるのだ。

ママからの宿題

いじめから比較までいろんな事例を読んでみて、自分の子育てに通じるところがないかを確認してみ。生かせるものがあったら今日から実践してみてな。まずは自分からや。

ほんで、そのことをダンナ（奥さん）と話し合う時間を作ってみいひん？

MEMO

4

子どもの
自己肯定感を高める
親の言葉がけって、
あるんやで。

子どもをほめることはいいこと？　悪いこと？

ある日の夜、久々に賢一がママの店に顔を出した。仕事が多忙だったこともあるが、店に寄って帰るより、妻の多江といろいろと話をするのが楽しみになったこともある。結婚して10年以上たつが、こんな気持ちになったことは初めてで、賢一自身も驚いていた。この日は、「たまにはママさんの顔見てきたら？」という一言があり、店を訪れたのだ。

賢一　ママさん、ごぶさたしてます。いつも妻がお世話になってまして。とりあえずビールもらえますか。

ママ　おお、久しぶりやんか。はい、自分で好きなの取ってな。グラス、まだあるやろ？　うち、何もしてへんで。ただ多江ちゃんとおしゃべりしてるだけや。でも、

賢一　なんか最近、多江ちゃんの雰囲気変わってきたやろ？

ママ　ええ、本当おかげさんで。もとの明るさが戻ってきました。僕もいろいろ話聞いて、実践させてもろてます。

賢一　あんたもちょっと明るくなった感じやな。ええ感じや。

ママ　最近、妻が子どもたちをようほめるんです。ついでに僕のこともほめてくれたりして嬉しいんですよね。**けど、こないだ会社で「子どもをほめすぎるのは良くない」って話を聞いたんです。**どうも「ほめると、ほめられるために頑張るようになるからダメ」ってことらしいんです。つまりそれって、相手の顔色を伺っていい子になってしまうってことですよね？　それに「ほめ方によっては相手にプレッシャーをかけることになる」とも聞いたんです。そしたら、どうしたらええんか分からんようになりましてね。ママさんは子どものこともどんどんほめろって言うやないですか。うちもそれでいいと思ってるんですけど、実際、どうなんですかね？

ママ　ええ質問やな。たしかに言うとおりや。難しいところやな、それ。ほめ方の程度の問題もあるしな。**けどな、基本はほめた方がええとウチは思うてるで。なんせ、日本人はほめられ慣れてないからな。**大人になればなるほどほめられへん。ほめられへんことで自分に価値があると思えなくなるっていうんも、事実やと思うで。それにほめられるのって、単純に嬉しいやろ？

賢一　嬉しいですね。じゃあ、ほめるのが悪いってわけやないんですね？

ママ　**伝え方やろなあ。**ほめ方。たとえばな、お母ちゃんがな「ちゃんとお片づけできて偉いねー」て言うやろ？　その時に「次もちゃんと片づけてよね」というニュアンスで言っとったら、それはプレッシャーになるわな。それから「もっと早く片づけしてくれたらもっとほめてあげるのに」て、なんていうか交換条件みたいなことを親が思てたら、やっぱりプレッシャーかけることになるやろ？

賢一　なるほど……。言い方っていうか、ほめる時に込める思いが大事ってことですね。

ママ　そうや。**ほめるってのは、相手の今現在を認めたげるってことやねんな。**下心なんて持たずに、できたことをただ認めてあげることなんよ。だから、言われた方が嬉しいねん。もし、そこに下心が入ってたら１００％素直に喜ばれへんやん。だから、**ほめる時は具体的に言うことが大事やし、何より対等な目線で伝えることが望ましいん**やな。

賢一　対等な目線？　子どもに対しては、なんか上から目線になりやすいですね。

ママ　せや。子どもをほめる時は大人同士をほめるような意識でやるのがホンマはいいと思うてるんよ。まあ、そこまで意識せんでもええと思うけどな。**ほめる時に自分が純粋に目の前の子どものいいところを伝えようとしとるんか、交換条件を期待して言うてるのかは、チェックした方がええな。**その時に「コレもしてくれたらもっとほめてあげる」みたいな思いがあると、子どもはほめられるために無茶するようになるんよ。それはあかんって言う意味ちゃうかな。せやから、ウチは**「ほめる」て言い方より、「長所を言う」とか「価値を伝える」方がニュアンスとしてしっくりくる**ねん。

個性を見極める勇気

ママ　そう言えばあんたのところの娘ちゃん、だんだん学校になじめてきたらしいな。よかったやんか。

賢一　ええ、おかげさまで友達もできたみたいで。この間は家に友達を連れてきたみたいで。妻は「こんな狭いところに」って焦ってたらしいけど、子どもはそんなこと気にしないですもんね。でも、娘のことが落ち着いたら息子がちょっと気になり始めまして……。今、幼稚園に行ってるんですが、ちょっと発達が周りの子に比べて遅いんちゃうかな、って思てるんですよ。

ママ　ほー。息子ちゃん、5歳やったっけ？　それで早いも遅いもないと思うねんけど、親としては気になるわな。ほんで？

賢一　周りの子と比べても意味がないって分かってるんですけどね。でも、幼稚園の先生もちょっと気にしてるみたいで。

ママ 最近は発達障害の子も多いらしいからな。うちの常連さんの家は娘、息子ともそうらしいわ。上が中学生、下が小学生……えーっと、何年生かは忘れてもうたけどな。

賢一 普通に学校に行けてるんですか？

ママ 勉強についていくのがちょっと大変らしくて、下の子は特殊学級の話もあってんけど、友達もおるし、そのまま普通学級に行ってるらしいで。

賢一 それなら良かったですけど、うちはまだ幼稚園ですから……。

ママ 成長が遅い、早いっていうんも何かの基準で決められたことやからな。そんなん、3月生まれと4月生まれやったら1年違うねんから、そもそも成長は違うわな。まあ、あんまり気にせんことやと思うけどな。

賢一 そうですよね。まあ、たしかに気にしすぎかもしれません。

ママ 学校側も変わり始めてるらしいねんけど、まだまだ「みんな同じ」「みんな一緒」やろ。そうするとなあ、ちょっとでも遅れてると親が焦るんやけど、でもなあ、そんなんで人生決まるわけちゃうしな。そもそも子どもたちも一人の人間やねんから、みんな違うわけや。その子その子の個性をちゃんと見極めたげることが大事なんよな。

賢一 ホンマそうですよね。そこがやっぱり学校では難しいんでしょうかね。

ママ 一人の先生が、いっぺんに何十人も見るんやろ？　授業時間も限られてるし、進め方だって決まってるわけやし、そら、一人一人に目をやる時間なんてそもそもないわな。学校の先生てそら、大変な職業やで。授業するだけやなくて、ほかにもいろんな仕事持ってはって、まさにブラックやろ。

賢一 じゃあ、親がしっかりしないと、なんですね。

ママ せやな。勉強が好きな子もおるし、運動の方が得意な子もおる。絵を描くのが好きやったり、ピアノをずっと演奏したい子もおる。科目かて、得意不得意がある。性格だってそれぞれや。同じ親から生まれたきょうだいかて、全然ちゃうやろ。その一人一人の個性をちゃんと受け入れる勇気が親は大事なんや。学校や塾にまかせっきりやなくてな。

賢一　個性を見極めるって、なかなか難しいですよね。

ママ　ホンマは会社だってそうやねんで。歯車やのうて、人間やねんからな。でもな、**個性を見極めるって、そない難しいことちゃうねんで。この子は何が好きで、何が嫌いで、何が得意で、何が不得意で、どういう長所があるか、ってことをちゃんと見てあげることやねん。**その上で好きなことや長所を伸ばしてあげられるようにしてあげたらええねんや。

みんなと違っていい

賢一　でも、日本人ってみんな一緒、みんな同じって考えが根強いですよね。

ママ　それが役立つ場面もあるんやけど、それで個性が潰されてもうたら、その子は一生苦しまなあかんようになるやろ？　本当は左利きやのに、無理やり右利きに矯正させるようなもんや。それなりに慣れるかもしれんけど、やっぱり不自由やんな。

賢一　そうですよね、そう言われてみればたしかに。

ママ　みんな違うのが当たり前やし、みんな違っててええねん。学校ではなかなかそういうふうには扱ってもらわれへんから、親がちゃんとそこを守ってあげたらええねんや。言うたかて、昔に比べたら学校もだいぶ柔軟になったって聞くけどな。うちにもたまに学校の先生、来てくれはるからな。

賢一　やっぱり親の存在って大事なんですね。

ママ　たとえば、その子は算数が苦手やとするやろ？　授業もあんまりついていけてない、宿題も時間かかる、そもそも苦手やからやりたない、それでテストで悪い点取ってくるやろ？　そんな時、親は心配したり怒ったりしてまうんやな。「苦手は克服しなあかん」って思ってる親なんて、算数ばっかり勉強させようとするやろ？　でもな、**それっていじめと変わらんと思わへん？**　あんたも自分が苦手なこと無理やりやらされたら、めっちゃストレス溜まるやろ？

賢一　そりゃそうですよね。僕、昔から掃除や片づけが苦手で、今も妻に怒られるんですけど、毎日部屋の掃除頑張れって言われたら嫌になりますわ。

ママ　せやろ？　学校の勉強かて同じやと思うねん。そら、できんよりできた方がええけどな。**まずは子どもの苦手なことを、ちゃんと親が認めてあげることやねん。**「算数が苦手なんやな、そら、個性やからしゃあない」ってな。そうして認めてあげた上で、じゃあ、少しずつ一緒に勉強しよか、とか、塾に通わせるとか、苦手なりにできることがあるやろ？　周りの子と比べてできひんのがあかん、と思ってもうたら、何もできひんわな。

賢一　たしかに……ついつい周りの子と比べてしまいますね。

ママ　そうなんよな。まあ、それも無理ないと思うわ。自分たちがそういうふうに育てられてきたんやから。せやから、親がまずはその意識を変える必要があるんよ。今の時代、だいぶ自由な大人も増えてきてるやろ？　年功序列とかも崩れてきてるし、大企業に入ることが幸せとはかぎらん時代になっていくしな。あんたの子が20歳になる頃には、仕事もだいぶ変わってると思うで。

賢一　そうですよねえ。最近はユーチューバーとか、新しい仕事も増えてますしね。

ママ　せやでー、これからは「個性の時代」やて。みんなと違うことがメリットになる時代になるんよ。

賢一　じゃあ、**みんなと違っていいどころか、みんなと違った方がいい**ってことですね。

ママ　せや、その通りや。違うことが喜ばしいことなんや。

長所を見て将来をデザインする

ママ　そうしてな、この子は何が長所で、何が得意で、何が不得意で、って考えてたらな、これから先、どういうふうに生きるのがその子に向いてるか？　が見つかるようになっていくわな。

賢一　それって逆に言えば、親もいろいろ勉強せなあかんってことですよね。

ママ　そらそうやな。ホンマ。こないだうちに来てくれた人の子どもは、高校から海外に行ってはるんやわ。本人も自由な環境がいい思うてて、親も海外に行かせたくてな。国内でいろいろ探してんけど、なかなかええところなかったらしくて。お互い寂しかってんけど、もう1年くらい経つんかな。友達もできて元気でやってるらしいわ。

賢一　高校から海外ですか？　すごいですね。

ママ　ほかにも将来会社やりたい言うて、高校は単位制のところに行って、バイトして経験積んでる子もおるし、ダンスを本格的にやりたいって高校辞めて、アメリカ行った子もいてるわ。まあ、そういうのはまだまだ特殊やと思うけどな。そういう意味で、偏差値だけで学校決める時代やなくなってきてるんかもしれへんな。

賢一　私たちの時代とはずいぶん変わりましたね。

ママ　そうやなー、ホンマ。選択肢がたくさんあるいうんは幸せなことやけど、逆に迷ってしまいやすいもんな。何も考えんと中学、高校、大学と行ったうちらの時代とはだいぶ変わってきたよな。

賢一　そうですね。

ママ　あんたとこの娘ちゃんと息子ちゃん、どんな長所がある？　そして、それを生かせるような将来って何なんや？　そういうことを考えたらええねん。

賢一　でも、小学2年の子の長所は分かりますけど、それを生かせる未来ってなかなか分かりにくいですよね……。

ママ　2年生やったら、準備やな。たとえば、このまま公立の学校に行かせるのがホンマにええんか、それとも中学受験をした方がええんか、それも長所を生かすってことなんよ。親の期待や希望じゃなくて、その子がより元気に明るくなれるところを選んであげたいよな。

親から子どもの長所はたくさん見えるはずだ。ところが、それを生かす道を考えるとなると、とたんに思考がストップしてしまわないだろうか。そのためには賢一が言うように「親も勉強する」ことがとても大事だと思う。進学や職業というくくりだけでなく、どういう「環境」がいいのかをあれこれリサーチしてみるのだ。時代もどんどん変わっていて、選択肢が増えているのは間違いないのだから。

たとえば、ある家族はのびのびと子どもを育てたいと、都内から沖縄の離島に移住した。それは子どもがおっとりと自由な性格で、賑やかなところよりも自然の多いところが合っていると判断したからだ。

また、マイペースで人に対して物怖じせず、はっきりとモノを言える娘を持つ親は、いろいろ考えた結果、中学時に海外に一時的に留学させて適性を見た上で、高校から寄宿舎つきの海外の学校を選んだ。

もともと創作意欲が強く、学校の勉強よりもイラストや絵を描くことが得意だった子は、高校に進学せずに創作活動に入ることを選んだ。

もちろん、これらはほんの一例だが、子どもの個性や性格の長所を見て未来をデザインすることは、これからどんどんやりやすくなるだろう。

もちろん、普通に進学して就職することが間違いではなく、それが合っている子どもだって少なくないはずだが、これまで以上にさまざまな可能性を見てあげることが、これからの親の役割ではないだろうか。

愛情表現の大切さ
〜あなたはどんなふうに愛情を示すタイプ?〜

週に2、3回、パート帰りにママの店に寄ることが日課となった多江。真太郎の幼稚園が終わって帰ってくるまでの数時間が、多江にとってはとても大切な時間になった。お昼ご飯にきつねうどんやピラフを食べ(どちらも冷凍ものだ)、インスタントコーヒーを飲みながらママと過ごすことで、どんどん自分が本来の自分に戻っていく感覚がして心地いいのだ。

多江　この間、夫にしてくれた「個性を見極める」「長所を生かす道を考える」って話、ものすごく考えさせられました。夫と二人でしばらく考え込んでしまって……。でも、考えようによっては、2年生のうちにそのことを教えてもらってホント良かったと思います。そういうふうに見たら、いろいろと選択肢はあるんですよね。

そんな話を近所のママにしたら、「うちの子はサッカーが大好きだから、その道に進ませようと思ってる」って言ってて、それも同じことか、と思ったんですよね。

ママ　サッカーなんかは分かりやすいわな。その先の未来がデザインしやすいから。でも、個性はみんなにあるもんやからな。

多江　そうすると、子どもとふだんからちゃんと話をしてないと難しいですよね。何が好きかとかは見てれば分かりますけど、勉強で何が得意で何が不得意かとか、友達とのつき合い方なんて、話してくれないと分かりませんもんね。テストの点数なんて、そのうち見せてくれなくなるかもですし。

ママ　せやな。今の時代、親も忙しいからな。子どもとちゃんと話をする時間が作れてる家庭ばっかりやないしな。うちに来るお客さんなんて「子どもが口きいてくれへん」ってよう嘆いてはるわ。残業で遅く帰っても自分の部屋から出てきいひんし、子どもは奥さん任せでちゃんと話とかしたことない、言うてな。

多江　お父さんたちは、特にそうかもしれませんね。思春期に入ると、女の子は特に難しくなりますし。

ママ　だから、ふだんから話をすることが大事やねんけどな。けどな、短い時間かて、ちゃんと愛情を伝えてたら子どもは心を開いてくれるもんやと思うで。

多江　愛情表現、ですか……。たしかに大事ですが、愛情があることが当たり前すぎて、伝えるのをおろそかにしてしまいそうですね。恥ずかしいのもありますし。

ママ　自分の子どもに向かって恥ずかしいってのも変な話やけどな（笑）。けど、うちら日本人はやっぱり苦手なんよな。**でも、愛情表現言うても、言葉ではっきり伝えるばっかりやないんやで。**

---

1. 言葉で愛情を伝える
2. スキンシップ
3. お金を稼ぐ、家事をする
4. 尽くす
5. 相手に合わせる、ついていく

6. 心配する
7. 見守る
8. 一緒にいる

ほかにもあるかなあ。分かりやすいのもあれば、分かりにくいのもあるんや。

多江　最初の2つは分かりやすいですし、3は普通に親がやってることですよね。4とか5なんてのは恋愛ではよくあることだけど、6、7、8って分かりにくいですよね。心配する、なんて一見愛情とは思えないもの。

ママ　まあ、**心配ちゅうのはホンマは愛やないんやけど、どうしてもそうなってしまう人もおるんよな。**母親に多いやろな。

多江　見守るとか、一緒にいる、が愛情っていうのも気づきにくいんじゃないですか？

ママ　そうや、ホンマ分からんもんや。子どもからしたら見守ってんのか、無関心なのかなんて見分けつかんし、一緒にいることが愛情やって言われても、全然もの足りひんって思うてまうわな。

多江 私はどれかなあ……。子どもたちにはちゃんと言葉で伝えてるし、抱きしめたりもしてるけど……。「心配する」はよくやってるかもしれないですね（笑）。

ママ 旦那さんはどない？

多江 うちの夫は恥ずかしがりやなので、あんまり言葉で愛情を示すタイプじゃないですね。やっぱりお金を稼ぐってことかな。会社潰して借金もありますけど、何とか食べて行けてますし。

ママ そういうふうに「**自分はどういうふうに愛情を示すタイプかな？　あの人はどういうふうに愛情を表現するんかな？**」ゆう目で見ることが大事やねん。たとえば、お金を稼いでくることが旦那の愛情表現だとしたら、それは子どもたちにはまだ分からへんやろ？　そしたら、あんたは言葉で伝えることができるんやから、「**お父さんは不器用やけど、こうして一生懸命働いてお金を稼いでくれることで、あんたたちを愛してるって表現してるんよ**」って教えてあげられるやろ？　そしたら子どもたちも、お父さんに愛されてることが自覚できるようになるよ。

多江　たしかに……私が伝えればいいんですね。それはすぐできそうです。さっそく、子どもたちに伝えます。

ママ　それがええわ。ところで、あんたのお父ちゃん、お母ちゃんはどうや？

多江　え？　うちの両親ですか？　母はああいう冷たい人ですし、愛情があるとはちょっと思えないですけど……でも、家事は一生懸命やってくれましたし。あ、それに、いろいろと口出ししてくるのも心配しているからかもしれないですね。お母さんはそういうふうに愛情を示してくれていたんですね。父はほんと「稼ぐ」と「見守る」かもしれません。父とスキンシップなんて全然記憶にないですし、昔の人ですから当然言葉にもしないですし。旅行とかにも連れて行ってくれましたが、あんまりしゃべらなかったですね。あ、でも、それって一緒にいるっていう愛情表現なんですかね？　でも、分かりにくいですね……。

ママ　特に、男は分かりにくいかもしれへんな。恥ずかしがりが多いし、本人たちも世代的に親の愛情表現なんて知らんかったしな。昔は「愛の鉄拳」みたいな言葉もあったやろ？　愛してるからこそ殴る、みたいな。今じゃありえへんけど、それを愛情や、って受け取ることもできるんよな。

多江　そうか。じゃあ、暴力は別として、**受け取る努力というのもしなきゃいけないんですね。**

ママ　そういうことやな。愛情がある、って前提で見ないと分からんことも多いし、人は自分が愛してほしい愛し方しか受け取ろうとせえへんからな。そこでお互い愛し合ってるのにすれ違ってる夫婦や親子なんて、めっちゃおるんとちゃうか？

多江　それは悲しいですね。

ママ　せやから、**その人がどんな愛情表現をする人かを知ることが大事**なんよ。愛があることが前提で、自分が望む愛し方は横に置いとかなあかんけどな。

夫婦、両親、きょうだい、子どもたち。距離が近いほど、意外と愛情が伝わりにくいと感じることはないだろうか？　ママが紹介したように人には多くの愛し方があるものの、「愛がある」という前提で見ないと

全然受け取れない愛も多い。
特に感情表現が苦手な人は当然愛情表現も苦手なので、愛情はあるのに、それを出せない人は日本人には特に多いと考えた方がいいだろう。だから、「あの人はどんなふうに人を愛するのか？」という視点は、人間関係を考える上でもとても大切な考え方だと思われる。

子どもの承認欲求を満たす言葉がけ

多江　子どもにはやっぱり、分かりやすく愛情を伝えたいですよね。私もできるだけ二人に「大好きよ」とか「パパとママのところに来てくれてありがとう」とか言ってるんですが、ほかにも伝えた方がいい言葉ってあるんですか？

ママ　せやなあ、いっぱいあるで。「承認欲求」言うてな、誰かから認められたいって欲求なんやけど、それを子どもの時に親から満たされてたら、大人になってから他人にそれをあまり求めへんでも大丈夫になって、自分に自信持って生きられるようになるんや。

多江 それは大事ですね。私なんて、あまり親から認めてもらった経験がないから、未だに誰かに認めてほしいって思っちゃいますもの。

ママ せやろ？　そういうもんやで、ホンマ。子どもの承認欲求を満たしてあげる言葉ゆうたら、まずは「愛情表現」やろ？　それと、**子どもが一生懸命やったことを結果にとらわれずにほめたげる**ことやな。

多江 結果にとらわれず？

ママ そう。頑張ったことやチャレンジしたことを認めてあげるんや。結果で判断してしまうとな、「うまくいかんかったらほめられへん」って思ってまうやろ？　でも、うまくいってもいかなくてもほめられるんやったら、またチャレンジしようと思えるようになるやんか。そしたら、失敗を恐れずにいろんなことにチャレンジできる子になるっちゅーわけや。

多江 なるほど……。つい結果ばっかりに目を取られちゃいますよね。結果が悪いと頑

ママ　張らなかったんじゃないか？　って思っちゃいます。

多江　せやろ。そうすると、結果が出ないことにはチャレンジせえへんようになってまうからな。それからな、**短所やなくて、長所を見つけて言うてあげる**ことや。これは一度や二度やなくな。で、具体的にや。「優しいね」だけじゃ、どれが優しいことなのか分からへんやろ。だから、「弟におもちゃ貸してあげて優しいね」みたいにな、具体性が大事やねん。

ママ　たしかに。どれがほめられることなのか、分かりませんもんね。

多江　それからな、**ちょっとしたことにも「ありがとう」**言うてあげることやな。

ママ　ありがとう、ですか？　お手伝いしてもらった時とかですか？

多江　そうや。そのお手伝いがうまくいくかどうかは関係あらへん。手伝ってくれたことに対して感謝するんやな。

ママ　これも結果にとらわれず、ですね？

多江　そうや。それからな、できれば**その子の存在そのものに感謝する**、ってことをしてあげたらええねん。「一緒にいてくれて安心するわ。ありがとう」とかな、あんた言うてた「パパとママのところにきてくれてありがとう」というんもそうや。

多江　それも大事なことですよね。それは何となく知っていました。

ママ　**存在してるだけで価値がある**、ってことを子どもに教えてあげる大切な言葉やと思うわ。

多江　でも、いつもそれを伝えるのって難しいですよね？

ママ　そら、お母ちゃんだって機嫌がええ時もあれば悪い時もあるやろ？　気分がええ時だけでええねん。そやなかったら、嘘ついてることになるやろ？　そんなん、すぐにバレるからな。それからな、**子どもが話すことをすぐに否定しない**、ってことやねん。

多江　否定しない？　間違ったことを言った時もですか？

ママ　まあ、否定しない、ってのは言い方やな。「それは違うやろ！」「それはダメ！」って言われたら子どもも傷つくし、委縮してしまうわな。「○○ちゃんはそういうふうに思うのね。でも、ママはこういうふうに思うな」みたいな感じはどうやろ？「そういう言い方もあるけど、こういう言い方の方が気持ちいいよ」みたいなんはどうや？　もちろん、命に関わることやったら強く否定したってかまへんと思うけどな。

多江　なるほど。**間違いは直しても、直接的に否定しない**ってことですね。

ママ　そや。それからな、**「傾聴」ってやつも承認欲求を満たす**わな。

多江　傾聴？

ママ　カウンセリング用語やねんけどな、**「ちゃんと耳を傾けて『聴く』」**ゆうことや。これがまた難しいねんけどな。とりあえず、一生懸命子どもの話を聴いて、否定せずにまずは受け入れてあげるってことやな。

多江　なるほど……。ママさんってカウンセリングの勉強してらしたんですか？　いろいろとご存じですし。

ママ　ちょっとかじっただけな。この商売やってると、人の心理にちょっと興味を持つわけや。それで、いろんな人からも相談されるからな。本読んで勉強したりしたんよ。

多江　やっぱり。でも、本を読んだだけとは思えないです……。

ママ　まあ、そんなことはええやんか。とにかく、**人の話を偏見や私見なしに聞くんはホンマ難しい**ねん。みんな自分の価値観で聞いてまうし、聞きながら「それは正しい」「それは違う」って判断するし、何て答えようか考えてまうしな。傾聴っちゅうのは、自分の感情や価値観を横に置いて、ひたすら相手の気持ちに寄り添うことやねん。だから難しいねん。けどまあ、一生懸命話を聞いてもらえたってのが伝わったらええねん。そしたら、子どもは自分を受け入れられたって感じられるんや。

多江　そうですね。たしかにそうですね。たくさんあるんですね。

ママ　ほかにもあるかもしれんけど、このへんを押さえとったら大丈夫やろ。

子どもの承認欲求を満たす言葉や態度を改めてまとめると、この6つになる。

ママの言葉にもあるが、これらを全部やろうとすると親も疲れてしま

うので、自分の気分が良い時にできる範囲でやることが長く続くコツになる。

1. 愛情を伝える
2. 結果ではなく、頑張ったり、チャレンジしたことをほめる
3. 長所を見つけて具体的に伝える
4. 感謝の気持ちを伝える
5. 子どもの言葉を否定しない
6. 傾聴する

家族の5つの役割

多江　最近、家族みんなが明るくなってきたような気がするんです。夫も前より張り

切って仕事に行ってるし、娘もだんだん慣れてきたみたい。昨日も息子がいろいろ面白いことをやってるので「吉本入った方がええんちゃうか?」って家族で笑ってました。

ママ　吉本行けってのは、関西人あるあるやなー（笑）。**さしずめ息子は「チャーマー」やな。**

多江　チャーマー？ 何ですか、それ？

ママ　**家族にはな、5つの役割があるって言われてんねん。**これは家族だけやなくて、会社なんかの組織の中でも出てくるもんやけどな。チャーマーってのは「いじられ役」で、みんなのアイドルや。かわいがられる役割なんやな。

多江　まさしく息子はそうですね。家族をいつも笑わせようとしてますし、漫才で言ったらボケですね。ほかの4つは何ですか？

ママ　まずは「**ヒーロー／ヒロイン**」や。リーダー役でもあるな。家族を引っ張っていく役割や。それから「**犠牲者**」っていうのがあるんやな。家族を支える役割で、たいがいお母ちゃんがその役になるな。それと「**傍観者**」というのもある。家族の輪からちょっと離れたところで、冷静に家族を見てる役割やな。火の見やぐらに登って町の様子を見張ってるイメージや。ほんで最後に**「ヒール（問題児）」**な。いろいろと問題を起こして、家族の注目を浴びるって役割や。

多江　ヒーローは分かりますが、そのほかのものはちょっとなりたくないですね。問題児なんて特に……。

ママ　まあな。けどな、実は**どの役割も「家族を救う」のが目的**やねん。問題児なんて、逆に家族に迷惑かけてるように思うやろ？　でも、その人が問題を起こしてくれるおかげで、家族は自分の問題に気づくことができるわけや。「自分にも同じところないか？」ってな。それから、**問題を起こすことで家族をひとつにまとめるって効果もあると思わへん？**　たとえばな、家族の誰かが病気したとするやろ？　そうするとそれまで外を向いてた家族が病室に集まって、ああだこうだ話するわけやんか。つまり、結果的に家族の絆をもう一度深めることができるんや。それが問題児の助け方やねん。

多江　なんか、すごく深いですね……。うちの家族はどうだろう？　夫はヒーローで、私は犠牲者で、娘は……ちょっと前まで問題児だったんですけど。でも、妙に冷静なところがあるから傍観者なのかな。

ママ

家族の役割ってひとつやないねん。いくつかの役割を兼務することもあるで。チャーマーが問題児になることもあるし、ヒーローが傍観者を兼ねてたり、な。それに問題児は分かりやすいけど、ほかの役割も、ええとこだけとちゃうねん。ヒーローは家族を良かれと思って引っ張ろうとするけど、時にほかの家族の気持ちを無視して暴走してしまうこともあるし、正義のヒーローやから問題児のことを攻撃してまう時もある。そこをサポートするのが犠牲者やな。せやけど、犠牲者はその名の通り犠牲になったり、我慢したりして「私はいいから」って態度をとるから、本人はけっこう苦しいやろ？　だからどの役割がいい、ってことやなくて、それぞれ役割があって、家族を救おうとしとることさえ分かっといたらな、お互いがやってることの理解も進むし、感謝の気持ちも持てるようになると思うんよ。

1．ヒーロー／ヒロイン
・長所　家族の中のスターであり、リーダー。グループを引っ張る役割。
・短所　時に暴走したり、周りを批判して正しさを主張したりして、対立を生みやすい。

2．犠牲者
・長所　家族を裏で支える優しいお母さん的ポジション。みんなから頼りにされ、相談される相手。
・短所　自分のことを放っておいて家族のために尽くしたり、我慢したりする。

3．傍観者
・長所　家族から少し離れたところで家族を冷静に見つめる。問題を早く発見する。

・短所　家族の輪に入らず浮いた存在になる。冷静で、何を考えているか分からないところもある。

4．問題児（ヒール）

・長所　問題を起こすことにより、家族それぞれが自分の問題に気づくきっかけを与える。家族の問題を一人で背負う。

・短所　その名の通り、家族に迷惑をかけたり、困らせたりする。

5．チャーマー

・長所　家族のいじられ役。かわいがられるアイドルである。

・短所　真面目な意見を言っても周りから受け入れられなかったり、いつまでも子ども扱いされるので、自信が育ちにくい。

子どもの自立をうながす言葉がけ

多江　上の子、もうすぐ小3でしょう？　これから思春期に入って、だんだん自立していく時期に入ると思うんです。でも、まだまだ甘えん坊で親離れできるのかなあ……って心配になっちゃうんですよね。

ママ　あんたは「心配する」って愛し方のタイプやからなあ。

多江　あ、たしかに。また心配してますね（笑）！　やっぱりクセなんですねー。

ママ　ま、それでええやんか。親離れなあ……まあ、少し気は早いと思うけど、そろそろ考えてもええ頃か。

多江　はい。自立をうながすような言葉かけ、ぜひ、教えてください。

ママ　せやな。親が子どもの自立をうながしてあげたらエグい反抗期を迎えんでもすむようになるし、大事なことやな。

多江　え？　反抗期がなくなる？

ママ　反抗期いうんは、子どもが親から精神的に自立する時に起きるんやけど、親がいつまでも子どもを子ども扱いして、子どもは子どもで親に頼りっきりやから、普通は激しくなるもんや。それくらい激しくしないと自立できないくらい、親との距離は近いってことなんよな。だから、**ベッタベタな親子ほど、反抗期はエグいもんや。**よく動物の親が、子どもが大人になってくると虐待か？っちゅうくらい子どもをいじめて巣から追い出すやんか。でも、人間の場合は子どもが親を嫌って自立していくんやな。だから、親がうまいこと自立をうながしとったら、子どももそんな激しく反抗せんでもようなるってわけや。

多江　それはすごく知りたいです。

ママ　**カギは「信頼」や。**親が子どもをどれくらい信頼できるか？　がカギになるんや。どうしても自分たちと比べて「この子はまだ子どもやから」って思うよな。そらそうや、小学生はまだ自活でけへんし、社会のことも何も知らへん。そこだけ見とったら、まだまだ子どもって思てしまうわな。けどな、そんな子どもやけど、ちゃんと自分の頭で考えて行動しとることもある。そこをちゃんと見つけてあげることが親の役割ちゃうかな。

多江 それって、一人で学校の準備をできたり、忘れずに宿題ができるようになったり、それこそ一人でお風呂に入って髪を洗えたり、ってこともそうなんですか？

ママ せや。ほかにもあるで。**自分の意見を言い始めた**、とかな。親からすればトンチンカンに見えても「親の意見に黙って従うんじゃなくて、自分の考えを言い始めた」という点で、自立のサインやねん。でも、親が「まだこの子は何も分からへん」て目で見てたら、サインは見逃してまうわな。そういうところに気づいて「自分の意見が言えるようになったやなあ」とか「計画的に宿題ができてすごいやん」みたいにほめたげることが、子どもの自信と自尊心を育てることになるわな。

多江 たしかに、「まだ子どもだから」って思ってたら、つい否定しちゃいますよね。

ママ 特に母親は子どもと毎日接しとるから、その細かい変化に気づきやすいやろ？そういうところを見つけて伝えてやれば、子どもは「親から認められてる」という気持ちにもなるんよ。そしたら、親も「あなたはできるから大丈夫よ」とか「自分でやってみ。見とったるわ」って信頼の言葉を投げかけてあげられるようになるんや。

多江　そうか。**自立をうながす言葉って、子どもへの信頼あってこその言葉**なんですね。でも、「この子はまだ小さいし」って思っちゃいますよね。うちの志穂だって、まだまだ一人じゃ何もできないって思っちゃいますもん。

ママ　**その「一人じゃ何もできない」て、何を基準に言うてるかを考えたらええんや。**きっと自分と比べて、とかやないか？　一人じゃできへん言うても、一人で着替えられたり、一人でご飯食べれたり、一人でウンコもできたり、一人で学校から帰ってこれたり、一人で寝れたりせえへんか？

多江　たしかに！　よく考えたら、それってすごいことですよね。下の子ができないことができるんだから。あ、そういえば、この間は一人でおばあちゃんの家に行ってました！　子どもの足だったら歩いて20分くらいかかるんですけど、大丈夫でしたね。ああ、そういうところをちゃんとほめてあげたら良かったたんですね。その時も「大丈夫？　ほんとに大丈夫？」って何度も聞いてしまいましたし、おばあちゃんも心配で、家の外でずーっと待ってたらしいんです。それで無事ついて「ああ、よかった〜」って。一応、えらいね！　とはほめたんですけど。

ママ　なんか、知らんうちにおかんとの関係も変わってきてるんやな。ホンマ、そういうところをちゃんと見つけてほめてあげることが大事やねん。あんたはまだできてる方やと思うで。そうして、子どもが少しずつ自立していく姿を見ながら、だんだん親が子離れを始めていくんや。

多江　子離れ……。なんかさみしいような気がしちゃいますね。どうしても、もっと小さい頃のあの子が浮かんでしまって……。でも、**子どものことがかわいい親は、大人になってほしくないって思いもあるのかもしれない**ですね。

ママ　それや、それ！　ええとこに目をつけたな！　さすがや。**どんどん大きくなっていくと親がさみしなってまうんや。**だから、いつまでも子どもでいてほしいって思いが強くなるんよ。心配性なおかんならなおさらやから、あんたは要注意やで（笑）。だから、自立をうながそう思うたら、親がだんだん子離れしていかなあかんねん。

多江 なんか、急にさみしくなってきちゃいました。うちはまだ下の子がいるからマシですけど……。

ママ そうなるわな。けど、そうすると息子離れができんくなるで（笑）。やっぱり子どもってかわいいやんか。でも、子離れがしにくいのはそれだけやないねんで。

多江 え？　そうじゃないですか？

ママ それはな、**子どもの面倒を見ることで親が「必要とされてる」って承認欲求が満たされる**からやねん。

多江 あ！　そうか！　子離れって、子どもの面倒を見るって役割から離れることになるからなんですね？　自分の仕事がなくなっちゃうような、自分の存在意義が分からなくなっちゃうような、そんな感覚がするからなんですね！

ママ そうやねん。母親は子どもを育てることが仕事やろ？　子どもが自立し始めたら、やることがなくなってまうわけや。それで、子どもが手元を離れたら犬や猫を飼い始める家が多いんとちゃうかなー。

多江　あ！　まさに、うちの実家も犬飼ってるんですけど、妹が小学校に上がった頃でした！　なんかビックリです！　面白いですね、人間の心理って。ますます興味が出てきました。ほんとママに弟子入りしたいです。

ママ　ホンマか？　じゃあ、まずは皿洗いからやな（笑）。

多江　そっちの弟子じゃないですよ（笑）！

母親は子どもがお腹の中にいる時からずーっと面倒を見てきているので、それが自分の役割であり、仕事だと考えるようになっている。だから「子どもが自立する＝自分の役割がなくなり、仕事を奪われる」感覚になってしまい、それがとても寂しく感じられてしまうのだ。だから、「この子はいつまでも子どもだ」と思い込むことで、母親の役割にしがみついてしまう。

しかし、子どもは子どもで自立心がどんどん芽生えていくから、そこで衝突が起きる。それが反抗期の心理なのだ。

子どもが自立して大人になる、ということは、「大人と子ども」の関係から、「大人と大人」の関係に変化していくことにほかならない。

その変化を親側が怖れてしまうのだが、実際はお互いを尊敬し合う、よりよき関係に変わっていくポジティブなプロセスなのである。

それはやがて、親の老後に寄り添う子どもへの変遷の一環であり、避けては通れないものとも言える。

だから、それを喜びとして受け止め、子どもが自立していくのに合わせて、親も子離れをして、徐々に大人同士の関係へ変化させていく心構えが大事なのだ。

自立させる、というと「突き放す」イメージがついてくるかもしれないし、実際、そう感じる場面も出てくるのだが、実はそれは「信頼」なのである。「かわいい子には旅をさせよ」ということわざがあるように、大人になっていく子どもを受け入れ続けるのが、思春期を迎えて以降の親の大切な仕事だと思っている。

とはいえ、かわいい子ども時代を知っている親としては寂しく感じるもの。しかし、親は親で新たな楽しみや喜びを見つけるチャンスとも言える。それがペットを飼うことでもかまわないが、改めて、自分たちがこれからの人生をどう生きるか、をデザインしていきたいもの。もちろん、それは夫婦の今後のあり方にも影響するので、子どもが思春期を迎える頃に、これから先の夫婦関係について話ができるのが望ましい。

ママからの宿題

子どもの長所、得意なことを見つけて伝えてみてな。

逆に子どもの不得意なところを見つけて「それがこの子やから」と受け入れてあげて。

216ページを参考にして、自分の両親、夫（妻）の両親、夫（妻）、自分自身の愛情表現のしかたを考えてみ。

MEMO

5

子どもの
自己肯定感を高める
親の行動も、
知りたいやろ？

「弱点は克服すべき」という思い込みが子どもの自己肯定感を下げる

気がつけば、多江たちがママの店に顔を出すようになって半年が過ぎようとしていた。子どもたちはそれぞれ進級し、志穂は小学3年生に、真太郎は幼稚園の年長になっている。志穂はどうも算数が苦手なようで、ほかの教科に比べてあまり成績が芳しくないことが多江の心配のタネになっていた。

多江　「子どもの個性を丸ごと受け入れることが大切」というのはよく分かっているつもりなんですけど、うちの志穂がどうも算数が苦手みたいで、九九もまだちゃんと覚えきれてないみたいなんです。3年生から勉強がグッと難しくなるって聞くし、ちょっと心配なんですよ。

ママ　相変わらず心配症やな（笑）。あんまり深刻やなさそうやからまだええけど。

多江　ええ、深刻ってわけじゃないですけど、なんか引っかかるっていうか。

ママ　よく、春休みや夏休みになると塾の窓にでかでかと**「弱点克服の春！」**みたいな宣伝が並ぶやろ？　あれ、どう思う？

多江　ぐらっと来ます（笑）。娘にも「行ってみる？」って聞いちゃいました。すぐに「いや！」って反応だったので、無理強いする必要もないかと思いましたが。

ママ　受験は、どの教科もほどほどにできひんとあかんシステムやからな。大学は違うんやろけど、中学、高校なんかはそうやろ？　そうすると、どうしても長所を伸ばすより、短所を直す方に目がいきがちになるんよな。でも、それってやり方間違えたら、子どもの自己肯定感を思い切り下げてまうことになるからな。

多江　そうですよね。それはよく分かります。苦手だっ

たり、嫌いだったりするから成績が悪いんですよね。それを無理やり頑張らせるのがいいことなのかどうか……。

ママ　子どもの心を考えたらな、悩むとこやな。嫌なことをさせられるいうんは、ホンマ苦痛やからな。それを大人は「社会人になったら嫌な仕事でもやらなあかんねん」って説得しようとするわけやけど、今はだんだんそうとも言い切れんようになってきてるからな。

多江　そうなんですよね……。娘が算数を好きになる方法なんてあるんですか？

ママ　算数にかぎらへんけど、**子どもが苦手とか、嫌いやって思うのは、純粋に楽しくないからやねん。**ゲームとかなら難しくても必死になんとかしようとするやろ？　楽しかったり、面白かったりするもんは夢中になってやるもんやねん。せやから、算数が面白いもんや！　ってことを教えてあげたらええねんけど……あんたや旦那さんは、算数得意やったんか？

多江　私はもともとド文系ですし……。算数っていうか、数学は中学で止まっていて……。夫も高校ではほとんど勉強してなかったみたいなので、たぶん……。

ママ じゃあ、血やな。あきらめた方がよさそうやな（笑）。

多江 えーっ？　あきらめちゃうんですか？　それはちょっと……。

ママ そしたら、子どもと一緒に算数の楽しさを見つけるってことにしたらどや？　麻雀とか競馬は算数使うけどな。どない（笑）？

多江 ええ？　麻雀に競馬ですか？　いや、それはちょっと……。ギャンブルはうち誰もやりませんし……。

ママ ゴルフはどうや？　あれも算数使うで。

多江 前は夫がやってましたけど……でも、あれって簡単な足し算ですよね？

ママ そうか。ウチもゴルフやらへんから、実はよう分からへんねん（笑）。けど、まあ、そういう感覚や。子どもがハマってるゲームで算数の知識が必要やったら、勝手に勉強しだすやろ？　子どもには受験に必要や、なんて理屈は通じひんからな。**どう遊びとくっつけるか？　ってことを考えるのが苦手な教科を勉強する秘訣**やと思うねんな。でも、まあ、それは大人も同じやねんで。あんたも旦那も「仕事」を楽しむ方法なんて、あんまり考えてきてないやろ？

多江 夫はともかく、私はそうですね。仕事って、基本的に嫌なことを我慢しながら頑張る中で少しでもやりがいを見つけていくものだと思っているので、楽しむっていうことはあんまり考えたことなかったです。

ママ せやろ? だから教えられへんねん。自分の弱点や苦手なことは「いやいや頑張って克服する」ってことしか伝えられへんねんな。**弱点ばっかり見てたらな、それが自分や、って思うようになるねん。**ホンマは強みがいっぱいあるのに、そこに目が向かなくなるんやな。せやからな、**まずは、今の仕事を親が楽しんで見せることも大事**やと思うで。

多江 親が見本、ですもんね。なんかそう言われると……(苦笑)。

ママ そういうことや。「子育ては自分育て」やからな。自分ができひんことを子どもにやらせるんは、酷やと思うで。

事実をいったん受け止める、器の広さ

多江　そうすると、やっぱり親がちゃんと自分に向き合っていないと、子どもには教えられないんですね。

ママ　そうやで。そこを逃げてる親はいっぱいおると思うわ。まあ、ウチなんかが偉そうに言えるようなことやないけどな（笑）。

多江　え？　もしかして、ママさんってお子さんいらっしゃるんですか？

ママ　それは企業秘密や（笑）。

多江　否定しないってことは……もしかして？？？？

ママ　やらしいツッコミやな。あんた、いつの間にそんな偉そうになったんや（笑）。まあ、そんな話はどうでもええやろ。せやせや、「器」の話やったな。

多江　なんか怪しいなあ……。こんどママさんの話も聞いてみたいですね。でも、器の

話なんてしてましたっけ？

ママ　**子どもが苦手な教科いうんは、「親の器」が試される場**やねんで。

多江　え？　そうなんですか？　あ、そうか。成績が悪いと否定しちゃうからか。成績の悪い子どもを受け入れられるか？　という話ですか？

ママ　その通りや。自己肯定感っていうのはな、いいところもダメなところもちゃんと受け入れるってことでな、それが自分の器をどんどん広げることにつながるんや。自分をちゃんと肯定できるようになったらな、子どもも旦那も受け入れられるってわけや。前にちょっと話してんけど、中には子どもの成績が悪いと、まるで自分がダメ出しされたように感じてしまう親もおるんや。

多江　でも、ちょっとその気持ち分かりますよ。**娘の成績が悪いと、私の娘でごめん！　って思っちゃいますもん。**私もまだまだ器が小さいんですね……。

ママ　それやそれ！　自己肯定感てのはな、成績が悪い娘を受け入れられへん自分を受け入れるってことやねん。そうして器はデカくなるんや。

多江　ほんと、禅問答みたいですね。

ママ　まあ、そういうことやなー。少なくともな、成績が悪いのはもう起きてもうたことやろ？　それを否定したかて、何も変わらへんやん。だから、**その事実をいったん受け入れる**んや。今、この子は算数が苦手で成績が悪い、ということをただ認めるってことや。それを受け入れられへんから怒ってまうんやな。それを受け入れた上で、じゃあ、どうする？　って話になるんや。勉強頑張って算数が得意になるか、いっそのこと算数あきらめるか、親が教えるか、塾や家庭教師に頼るか。選択肢はようさんあるわな。

多江　まず受け入れる、ということなんですね。それで自分の器も大きくなるし、自己肯定感も上がるんですね。

ママ　まさにそういうことや。実際、子どもへの愛情があるからこそ成績に一喜一憂するわけで。逆に言えば、受け入れられへんのも愛情があるから、と言えるんやけどな。それをさらに器を広くして、そんな娘を許して受け入れることで、娘の自己肯定感も上がっていくんよ。

多江　うんうん。……いつも思うんですけど、ママさんのお話には、いつも愛があるんですよね。それがすごいなって思うんです。私の話も否定せずに全部受け止めてくれますもん。夫も言ってましたけど、それってほんとすごいことですよね。

ママ　なんや、ウチをほめてても何でも出えへんで。

多江　いや、そんなん求めてません。こうしてお話ができるだけで十分頂いてます！　いつもありがとうございます。

「常識」と「当たり前」を手放すことの大切さ

多江　昨日PTAの会合があったので、新年度ということもあってパートを休んで行ってきたんですよ。皆さん、しっかりしたお母さんばかりでちょっと緊張したんですけど、そこで出てくる話にちょっと違和感を感じたんですよね。

ママ　**違和感ってめっちゃ大事**なもんやからな。そういうのは大事にせなあかんな。どんな話やったん？

多江　自己紹介のあと、「クラスに望むことは何ですか？」って先生からの質問に何人かの父兄が答えていたんですけど、どの方も「今は〜が普通だと思うので……」とか「〜するのが当たり前なので……」という言い回しばかりで。ほかの方もうなずいていたので同じ意見だったのかもしれませんけど、普通、とか、当たり前、という言葉に違和感を感じてしまって。

ママ　ほー、そうなんや。おもろいな。どんな違和感なん？

多江　うーん、何かに縛られているような……。そうそう、他人軸のような……。普通、とか、当たり前という言葉が個性を潰してるんじゃないかと思いまして。

ママ　ほぉー、そういうことに気づき始めたんか。あんたもだいぶ自己肯定感の何たるかが分かってきたみたいやな。ええ感じやで。**「普通」とか「当たり前」と感じるものって、その人が属してるコミュニティの中での「平均値」みたいなもん**なんよ。たとえばな、大阪やとボケたらツッコむのが「普通」やし、話にはオチがあるのが「当たり前」やし、どの家にもたこ焼き器があるんが「常識」なんや。でもそんなん、東京じゃ普通ちゃうやろ？

多江　そうです、そうです。大阪にいた頃は、その常識に私も縛られてました。周りの人たちは私が東京から来てることを知ってたので、そんなに求められなかったけど、ふだんの会話でも「その話、オチあるんやろな？」って言ってたりして、ぞーっとなりました。

ママ　今の大阪弁、ちょっとアクセントがおかしかったで（笑）。要するに、自分がいるコミュニティでは「常識」やねんけど、そこから一歩でたら「非常識」ってこともあるんよな。でも、**どうしてもうちらは自分の住んでる世界がすべてやと思てしもて、常識とか普通とか、「暗黙のルール」を作りたがる**んよな。でも、それってあんたが感じたみたいに、窮屈なもんなんや。

多江　そうですよね。いきなり「ボケたらツッコむのが常識」なんて言われても、はあ？　って感じですもん。

ママ　せやからな、知らんうちに自分の中に染み込んでる「普通」や「当たり前」を手放していくのがお勧めやねんな。**そもそも「当たり前」の反対言葉って何か知ってるか？**

多江　「当たり前」の反対ですか？　えーっと……。何でしょう？

ママ　「有り難い」、つまり、「ありがとう」や。

多江　あっ！　すごい！

ママ　やろ？　でもな、怖いねんで。「当たり前」が増えれば増えるほど「幸せ」が逃げて行ってしまうわけや。なんせ、当たり前と思ったら感謝は出てけえへんからな。文句は出ても。せやから、**当たり前が増えれば増えるほど、感謝できることが減って、幸せが感じられへんようになってまう**んや。そういう意味でも手放した方がええもんやねん。

多江　でも、けっこう子どもには「常識」とか「当たり前」とか「普通」で縛ってしまってますよね。悪いことをしたら謝るのが普通でしょ？　とか、忘れ物したら友達に借りるのが当たり前でしょ？　とか、弟が使ってるんだから順番待つのが普通でしょ？　とか何かしら言ってしまいます……。押しつけてしまっているんですね。ああ、反省。いやいや、**それが今の私だから、ですね？**

ママ　ほぉ、だいぶ分かってきたみたいやな。あんたすごいな。まあ、その普通が役立つ場面もあるから全部が全部いらんもんやないと思うけど。けど、子どもの自主性を尊重しようとか、個性を伸ばそうと思ったらそんな「普通」や「当たり前」を捨てて、その子をちゃんと受け入れてあげるってことが大事やねんな。**「学校から帰ったら宿題をすぐにやるのが当たり前やけど、うちの子はまず遊びに行きよる。そういう子やねんな**」って感じやな。

多江 なるほど。でも、なかなかそれって難しいですよね……。気づいた時に「あ、これ違う違う」って思えばいいんですか？

ママ そうや。ホンマそれしかないで。**「気づいた時に手放す」**ことをやればええねん。逆に言うたら、それくらい自分では「普通」やと思っていることが多いんよ。だから、ただ気づくだけでも全然ちゃうねんで。「当たり前」と思ってることなんて、ふだんは思い出されへんもん。

多江 気づくだけでいいんですね。

ママ そういう意識を持ってたら、何かしら気いつくわな。でも、そもそも大人が「普通」「当たり前」「常識」に縛られとるからな。大人になったら結婚して子どもを産むんが普通や、とか、家を建てるのが当たり前や、とか、ちゃんと会社勤めをするのが常識や、みたいな。そういうのに縛られてるから、「なんで結婚せえへんの？」とか「子どもはまだなん？」とか失礼なことをバンバン聞いてしまうんやな。言われて傷つく人もおる**「普通」とか「当たり前」って思ってることで、知らんうちに人を傷つけたり、関係を悪くしてもうたりしてる**んや。でも、そんなことは全然気づいてへんわけや。

多江
たしかに。夫とケンカする時に「それくらいできて普通やろ？」って言われたことがあって、すごくむかつきましたもん。

ママ
せやろー？　でもそんなこと、知らんうちにうちらはやってんねん。そうやって子どもの心も傷つけてるのかもしれへん。せやから、**子どもの個性を伸ばしたいと思ったら「普通」や「当たり前」を親がまず捨てなあかん**わな。

たとえば、中学を卒業すれば高校に行くのが「普通」と思っているものだが、果たしてそれが「普通」なのかどうかを一度立ち止まって考え

ることが子どもの自己肯定感の向上につながる。その結果、「高校に行く」という選択をしたのか、それとも盲目的（無思考的）に「高校に行くのが当たり前」という常識で判断したのかの違いは、意外と大きいのではないだろうか？

当たり前に持っている「常識」を手放すことができれば、どんどん意識は自由になっていく。そういう意識で子どもの成長を見守ることができたら、親ももっと余裕をもって子育てができるのではないだろうか。

子は親を見て育つ～自分が見本である意識を持つ～

多江　やっぱり、親が見本ってことなんですね。
ママ　それが大原則や。子どもは親を見て育つからな。こんな話があってな。親に「お子さんに、どんな大人になってほしいですか？」って質問すんねん。「自由に好きなことをして育ってほしい」とか「勉強をしっかりして医者になってほしい」とか「たくさんの友達を作ってみんなに愛される人になってほしい」とかいろいろ出てくるんや。

多江　親としてはやっぱりそう思いますよね。

ママ　ところがな、**「じゃあ、あなたは今、自由に好きなことをして生きてますか？　何か勉強に打ち込んでますか？　たくさんの友達に愛されていますか？」**って聞くとな、みんな、「いや、それは……」と口ごもってしまうんや。親は見本、なんやで。だから自由に好きなことをしてほしければ、親がまずそれをせなあかんわけや。そやなかったら、**「そういうお母ちゃんが自由に好きに生きてへんやんか？　嘘つき！」**ってなってまうやん（笑）。

多江　耳が痛いです……。でも、自分ができなかったことを子どもに望むのって、自然なことじゃないですか？「自分が自由じゃなかったから、子どもには自由になってほしい」って。

ママ　もちろんそうや。けどな、「自由に好きなことをして生きる」だけでは、子どももどんなことか分からへんわけや。だって、ゲームばっかりしてたら怒られるわけやろ？　勉強しなさい！　って。「好きなことしていいんじゃないの？」って子どもは思うわな。そうすると親は「好きなことってそういうことちゃう！」って言うと思わへん？　でも、**それって「自由」とか「好きなこと」に制限かけとるわけや。**それは親が「自由に好きなことして生きる」ということが分からへんからなんやな。

多江　そう言われると、すごくつらいですね……。たしかに分からないです。自分がそういう生き方をしてきてないから、子どもに制限をかけちゃうってことですよね。

ママ　そういうことやな。だから、親がまず見本になって「自由に好きに生きる」ってどんなことかを示してやらへんと説得力もないし、子どもも途方に暮れるわけよ。それどころか、**「親がそういうふうに言うってことは、親みたいに生きることが『自由に好きなことをして生きる』って意味なんや」**って思うようになるで。

多江　え、それは困ります！

ママ　つまり、**「自由に好きなことをして生きる」**ってことを、**親自身が「素晴らしいもの」って思ってなかったら、子どもはそういう生き方を選ばれへん**ねや。「勉強してお医者さんになる」ってのもそうや。勉強が楽しいとか、目標を達成するんは気持ちいいとか、人の役に立つ仕事は素晴らしいってことを親自身が実践してなかったらあかんやろ？　たくさんの友達作るんも、同じことやで。

多江　でも、親以外にも学校の先生とか、親戚とか、見本になりそうな人が周りにいるかもしれないですよね。

ママ　そしたら、「親戚のおっちゃんみたいに自由に生きろ」って言えるのはたしかやな。それも悪いことやない。けどな、大事なことを忘れとるで。「子どもは親のことが大好き」ってことやねん。**大好きなお母ちゃんやから、見本にしたい**わけや。「子どもは私の嫌なところばっかり似ちゃう」って思たことないか？

多江　あります、あります！　人の目を気にするところなんて、私みたいでほんと嫌なんです。それはつらいから直してほしいんです。

ママ な、そんなふうにあんたのことが大好きやから、娘ちゃんはあんたの真似をするようになるんや。

多江 じゃあ、子どもの自己肯定感を育てたいと思ったら、やっぱり親自身が自己肯定感を上げていかないとダメってことなんですね。

ママ その通りや！　けどな、前も話したかもしれんけど、**「結果」は重要やないねん。**自己肯定感を上げようとしとる姿が見本になるんや。せやから、自分は自己肯定感が低いからあかん、とか思わんでええねん。**今低いってことは、可能性がいっぱいあるってことと**やからな。そこを前向きにとらえたらよろしいねん。

多江 じゃあ、あの自己肯定感を上げるワークをどんどん続けていくと、子どもたちの自己肯定感も上がっていくんですね！　ハードルの高い話だと思ってましたけど、少し気持ちが軽くなりました。

子どもにとって「親は見本」という原則は動かしがたいものがあると思

われる。子どもにしてほしい生き方を自分自身が示すことは、親自身が自分らしい生き方をすることになるわけだから、親自身も楽になるのではないだろうか？

「犠牲」「我慢」はもう時代に合わない

多江　この間の「親が見本」って話、この間ふと気づいたんですが、私の母もずいぶんと子どもやお父さんのために「我慢」して「犠牲」になってきたんだな、と思って。厳しい母親でしたけど、自分にも相当厳しくしてたんだな、と思いまして。子どもの教育費のために新しい服やバッグも買ってなかったですし、全然遊びに行くとかしなかったんですよ。いつも何かを我慢しているような感じで「私はいいから」って遠慮ばかりしてました。今だから分かるんですけど、お母さんも相当つらかったんじゃないかと思って。

ママ　世代がちゃうからなー。あんたのお母ちゃんの時代はそれが当たり前っちゅうか、女の人は家のことをするのが当然で、子どもや旦那のために我慢するのが普通やったんよな。だから、家族の役割の「犠牲者」はたいがいお母ちゃんの役割やったんや。……でも、そういうことが分かるようになったってことは、あんたもだいぶ親離れができてきたってことやな。

多江　この年で親離れって恥ずかしいですけどね（笑）。実家に行くと母がいつもご馳走を作ってくれるんですけど、**「私はいいからあんたたちが食べなさい」**って孫たちに言ってるんですよね。それ聞いて、私もそうだったなあって思い出して、「お母さんもちゃんと食べてよ」って言っちゃいました。長生きしてほしいですし、お世話になってますし。お母さん、それでも「私はいいよいいよ、適当に食べるから」って遠慮してましたけど。

ママ　そういう世代やなあ。無理もないわな。物のない時代に育ってるしな。それだけ娘や孫がかわいいってことやけどな。でも、**今の時代はそういう「犠牲」とか「我慢」は似合わへんから、あんたたちが変えていかなあかんっ**

てことや。

多江　時代が違うんですね。あまり実感ないですけど……。

ママ　まあ、これは大人の話やけどな。今までは会社が定年まで雇ってくれて、それまで会社におったらそれなりに給料も上がる時代だったわけやんか。普通にしてたら家買える時代やったし。そしたら多少我慢しても、犠牲になってててでも会社にしがみついとったら安心やったんや。それが今は、そうも言ってられへんようになったやろ？　大会社かていつ潰れるか分からへんし、頑張って会社にしがみついとっても、給料だってそない上がらへん。うちのお客さんも株がどうの、不動産がどうのって話をしとって、なんやそれ？　言うたら、「給料が上がらへんから、副業でもせなやってられへん」言うてたわ。それにあれや、あれ。人工知能いうんか？　えらいあったまええコンピュータに仕事取られてまう時代になるらしいなあ。

多江　そうみたいですね。夫はＩＴ系の仕事してますから、そんな話よくしてます。事務とか単純作業とかはどんどんＡＩに置き換わるんですって。大手の銀行とかも、それで職員を大量解雇するらしいですし。

ママ　せや、ＡＩや。えらい時代やなー。せやから、我慢していろいろ犠牲にしてまで会社にしがみついとったって、ええことないんちゃうかなあ。

多江　でも、どうなっちゃうんでしょう？　うちの夫は「ＡＩもＩＴの一部やから、俺の仕事がなくなることはない」って言ってますけど……。

ママ　そらそうや。コンピュータいじれる人は強いわな。嫌な仕事や苦手な仕事はコンピュータがやってくれるんやろ？　こないだ税理士やってるうちのお客さんがな、「うちの仕事がどんどんＡＩに置き換わるから、税理士かて安泰ちゃうんや」言うててな。税理士でもそうなるんかいうて、みんな驚いとったわ。でもそういう時代になったら、ますます人間は好きなことやりたいことで生活できるようになるって考え方もあるよな。逆に、好きなことをせな、やっていかれへんようになるって言うてる人もおるらしい。

多江　どういうことですか？

ママ　嫌な仕事はＡＩがやるってことになったら、人間は好きなことしかせんでよくなるやろ？

多江　でも、すぐには信じられないですよね。好きなことで生活できる、なんて言われても。

ママ　ユーチューバーとか言うんやろ？　おもろいこと撮影してネットにあげたらお金になるって。ほかにもテレビでやってたわ、ネットに好きなことを書いとったら本の依頼が来たとか、ネットでいらなくなった服売ったらけっこうなお小遣いになった人とか。まず、収入の形がどんどん変わってきてるわな。

多江　でもその点、スナックとかは大丈夫そうですけど。ママさんに会いたくて皆さんいらっしゃるんでしょう？

ママ　まあな、その点は助かっとるで。うちのお客さん、みんなウチ推しやからな（笑）。酒飲みながらコンピュータにグチってもおもろないやん。やっぱそこは人間やろ。でも、それも分からんけどな。そのうち、人間そっくりの美人ロボットが話聞いて慰めてくれる店も出てくるかもしれん。ＡＩはたぶん、食器洗えとか、ウイスキー買ってこいとか言わへんやろしな（笑）。

多江　でも、それが嬉しくて皆さん買い出ししてくれるんでしょう？　うらやましいです、そんな人気があって。

ママ　まあな。そういう意味でウチは我慢とかしてへんな。しゃべりたいことしゃべって、気に入らへん客来たら追い返して、それであんたみたいにこんなウチのところに話を聞きに来る客もおって。うちは幸せもんやで。

多江　ユートピアですね（笑）。私もパートの仕事は嫌いじゃないし、人間関係もいいんですけど、面白いか？　って言われたらやっぱり……。好きなことを仕事にするって、なかなかイメージできないですね。

ママ　そら無理ないわ。あんたの親たちは我慢して、犠牲になるのが仕事やって教えてくれたわけやし。でも、あんたの旦那は好きなことを仕事にしてるんちゃうの？

多江　　一度はあかんかったにしても。

たしかにそうですね。会社やってた頃はイキイキしてましたよね。でも最近はママさんのおかげもあって、だいぶ前向きに仕事できるようになったみたいです。

私も昔は広告代理店にいて、いろんな会社さんのお役に立てる仕事してたんですよ。

ママ　そうなんや。広告代理店言うたらＣＭ作ったり、宣伝したりするってイメージやけどな。そんなすごいことしてたん？

多江　そういう仕事してた人もいますけど、私は営業のお手伝いでした。どういうふうにその会社の商品を広めることができるかを、営業さんと一緒に考えるお仕事ですね。けっこうしんどいこともありましたけど、今から思えば楽しかったです。いろんな世界を知ることができましたし、お客さんからあれこれ相談持ちかけられて、それに応えるのが仕事みたいなもんでしたから。

ママ　コンサルタントやんか。すごいやん。

多江　そんなたいそうなことはしてませんでしたけどね。でも、広告の打ち方とか、宣伝の仕方とか、商品開発とか、時にはだいぶ突っ込んだ話もしてましたね。

ママ　そしたら、あんた、カウンセラーとかにも向いてるんちゃう？　こうしてうちの話に興味持つくらいやから。

多江　カウンセラーですか？？？　いや、そんなおこがましい。でも、昔から人の心理には興味あったんですよね。本も読んでましたし。

ママ　それや。カウンセラーいうてもいろんなジャンルがあるみたいやし、興味あんねやったら勉強してみたらええやんか。それこそ、これからの時代の仕事やで。

多江　そんなことができたらすごいですね。でも、私はまだ自分の家のことでいっぱいいっぱいですから。

ママ　まあ、気が向いたらでええやん。でも、好きなことを仕事にするってそういうことやで。興味あることをやってたら、それがいつしか仕事になる、みたいな。だから、**今は頑張り時やけど、家のことが落ち着いたら、やりたいことをやりたいようにやったらええねん。**そういう姿が子どもたちにとって最高の見本になるってことやから。

多江　そうか。そういうことなんですね。私がやりたいことをやってたら、子どもたちもそれを見本にしてくれるんですね。考えてみます。ちょっとワクワクしてきました！

子どもの問題は夫婦の問題の裏返し？

多江　前から「子どもに問題が起きたら、まず夫婦関係に目を向ける」ってお話、よくされてるじゃないですか。あれ、本当なんですね。この間、学生時代の友達に会ったんですが、離婚したらしいんです。結婚式にも行かせてもらって、何度かおうちにもお邪魔したことがあるんですけど、優しくて穏やかな旦那さんだなと思ってて。けど、実際はそうじゃなかったらしくて。言葉のDVっていうんですか？　毎晩のように彼女に暴言吐いて、めちゃくちゃだったらしいんです。

ママ　最近よく聞く話やな。ほんで？

多江　そこは4歳の男の子が一人いるんですけど、**旦那さんが暴言を吐くようになってから、吃音がひどくなってうまくしゃべれなくなったり、喘息の発作を起こすようになったりしたん**ですって。旦那さん、息子さんのことはすごくかわいがってて。キレるのは決まって子どもが寝たあとだから、子どもは全然知らないはずなんですよ。

ママ　全然知らんってこともないと思うけどな。そんな怒鳴り散らしてるんやったら、目を覚ますこともあったやろうしな。でも、その奥さん、よう我慢したなあ。そんなんやったら子どもが寝るの、怖かったんとちゃうか？

多江　きっとそうですよね。それで、あまりにひどいから実家に帰って、それからしばらくして離婚したんですって。息子さんはパパのことが大好きだから初めは寂しがってたけど、だんだん吃音が出なくなって、喘息もおさまってきたんですって。それで今は普通に保育園に通えてるみたいで。その話を聞いて、ママさんの話がふと浮かんで「本当なんだ」と思ったんですよ。あ、別に信じてなかったわけじゃないですよ。確認できたっていうか。

ママ　別にええがな、言い訳せんでも（笑）。その気遣いができるとこがあんたの長所やけどな。まあ、そういうもんや。……ちょっと深い心の話になるけど、ええか。

多江　ぜひ聞きたいです。

ママ　子どもはお父ちゃんとお母ちゃんのことが大好きや、って言うたやろ？　だから、お父ちゃんとお母ちゃんが仲悪いんは、ホンマつらいことやねん。でも、自分が熱出したら、二人とも心配してその間はケンカせえへんようになる。それは経験で知ってるわけやな。そやから、**二人を仲良うさせるために自分が問題を作るんや。**病気の場合もそうやし、悪さするんもそうや。両親の目を自分に向けさせて、それで両親に仲良くしてもらいたいってするんやな。

多江　それを分かってしてるんですか？　信じられない！

ママ　せやから深い話やねん。まあ、信じられへんのも無理ないわな。ウチも、そういう事実を聞くまでは信じてへんかったからな。もちろんな、子どももそんなん意識してへんで。でも、人間の心はホンマ深くて広いんやで。「愛する人のためやったら、自らを傷つけてもいい」って思うんや。それが子どもの病気やったり、不登校やったりするんやと思うんや。

多江　愛する人のために自分を傷つけてもいい、って気持ちは分かります。子どもに何かあったら、私何でもしますもん。でも、それと同じような気持ちが子どもにもあるんですね。

ママ 子どもは、親がすべてやからな。それくらい親のことが大好きなんや。せやから、子どもに何か問題が起きたら、**「夫婦の仲はどない？」**って聞くようになったんや。ほかにもな、子どもがやたら学校で問題を起こしててな、友達の消しゴムを取ったり、モノを隠したり、ほかの子に意地悪したりな。その時、両親はケンカばっかりしてたんやな。それで、学校に夫婦そろって呼び出されてな。「ご両親は仲良くされてますか？」って聞かれたんや。それでそれが原因かもしれん、って気づいてな。二人でカウンセリングを受けたらしいわ。

多江 それに気づけたのって、すごいですね。

ママ まあ、そうやな。学校の先生も家庭で何かあるに違いないって思ったらしくてな。それで夫婦そろって呼び出したわけなんやけど。それでカウンセリングに通ううちに、だんだん本音で話ができるようなって、仲良くできるようになってんて。それで子どもに「ごめんな」って何度も謝って、たくさんほめて、愛情伝えるようにしたんよ。夫婦そろってな。そしたら、いつしか子どもは元のええ子に戻ってたらしい。友達もたくさんできてな。毎日のように家に友達連れてくるようになってな。それを両親ともどもえらく喜んどったわ。

多江　それってもしかして……そのカウンセラーって、ママさんじゃないですか?

ママ　ガハハハ。ウチがカウンセラーなんてできると思うか?　スナックのおばちゃんやで。こんなごっついカウンセラーおったら怖いやろ?

多江　そうやってごまかすところがますます怪しい……(笑)。

ママからの宿題

　子どもにどんな大人になってほしいか、どんな生き方をしてほしいか、いっぺん夫婦で考えてみ。

　それが今、自分がすべき生き方やねんな。そういう生き方ができるように、今できることを探してやってみ。

MEMO

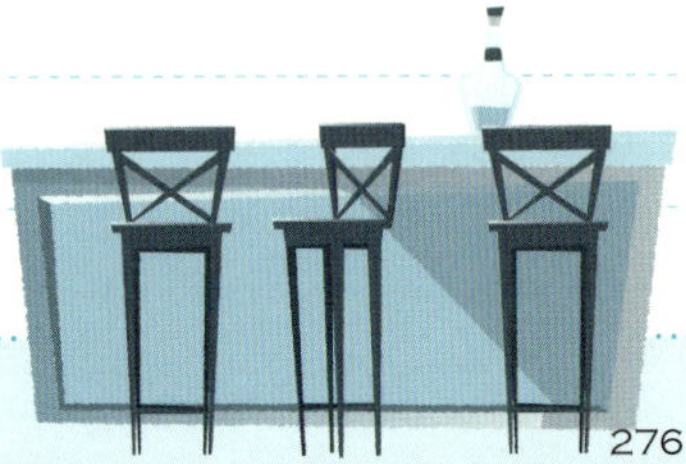

6

子どもと向き合い
続けていくために
大事なこと、教えたろ。

まず、親自身が幸せになる

多江　ママさんの話を夫にいつもしてるんですけど、夫もその言葉に気づくことがたくさんあるみたいで、「もう一度、やりたい仕事にチャレンジしたい」って言い始めたんですよ。

ママ　そら、良かったなあ。そもそも、夫婦でちゃんとそうやって話ができるのはええことやんなー。

多江　家ではママさんの話でもちきりですよ。ママさんのおかげで夫婦の会話が成り立ってるようなもんです。ほんとありがたいです。

ママ　まるで神さん扱いやな（笑）。まあうちのことはどうでもええけど、ホンマ良かったなあ。

多江　親が見本、って話に夫も私も強く影響されて、夫婦で「ほんとにやりたいことをやりたい」って思うようになったんです。それで夫はもう一度、自分がやりたい仕事で起業したいみたいで。借金はまだあるんですけど、先が見えてきたっていうか。

ママ　そうなんや。それは良かったなあ。二人ともだいぶ頑張ってんなー。

多江　やっぱり、子どもには幸せになってほしいじゃないですか。そしたら、親が幸せじゃないと子どもは目標がないですよね。だから、**自分にとって幸せって何か？**ってすごく考えるようになったんです。私はやっぱり子どもがかわいいし、まだ一緒にいてやりたいと思うので、すぐに本格的に何か仕事を始めようとは考えてないんですけど、夫はやっぱりもう一度勝負したいって気持ちになったみたいなんです。

ママ　せや、それは大事な心がけや。自分が幸せちゃうかったら、誰かを幸せにしてやることなんてできひんし、**自分の幸せの延長にこそ、家族の幸せがある**んやから。その逆ちゃうねん。

多江　そうなんですよね。でも、そこでひとつ疑問がわいてきたんです。**自分の幸せ**

ばかりを考えるのって、わがままで自己中心的な考えなんじゃないか？って。そりゃあ、自分が幸せになったら嬉しいですけど、その代わりに家族に我慢や犠牲を強いるのはちょっと違うかな、って思うんです。

ママ　ええとこに目をつけたな。けどな、あんたは、旦那や子どもが我慢してる姿を見て幸せを感じられるんか？

多江　いやいや、全然幸せじゃないです。

ママ　せやろ？「自分の幸せ」の中には、家族が笑顔でいることってのも当然入ってくるよな？

多江　ええ、もちろんそうです。

ママ　そしたら、**自分の幸せを追い求めるってことは、同時に、家族を笑顔にするってことも入ってくる**んやな。

多江　なるほど……。家族が幸せじゃないのに自分一人が幸せって、あり得ないですもんね。

ママ　そうや。旦那さんがもう一度チャレンジする！　いうんは、家族の幸せを考えてのことでもあると思うんや。だからあんたはそれを応援したいと思ったし、「自分の幸せは子どもたちを育てること」って気づいたんや。

多江　そうか……そうなんですね。でも、自分のやりたいことや好きなことを追い求めながら家族も幸せでいるって、なかなか難しそうな気がしますね……。

ママ　それは理屈で考えるからやん。そない難しいことちゃうで。まあ、ちょうど昨日お客さんが話してた話がええ例えやと思うわ。そこの奥さんな、ジャニーズの大ファンなんやけど、たまたまチケット当たってな、おとといの晩、友だちとライブに行ったらしいんや。

多江　ジャニーズ、なかなかチケット当たらないって聞きますもんね。

ママ　そうやろ？　しかも、アリーナのなかなかええ席らしくてな。チケットが当たって以来、ずっと奥さんご機嫌らしいんや。旦那さんがうちとかで飲んで酔っぱらって帰っても何も文句言わへんし、晩ご飯かて、ちゃんと奥さんの手料理が並ぶんやて。子どもたちは反抗期真っ盛りやねんけど、子どもたちとケンカすることもなくなったし、おとといのコンサートの日はめっちゃ豪華な晩ご飯作って出かけたらしいんや。ふだんしゃべらへん中学生の息子がしみじみと「毎日ジャニーズのコンサートだったらよかったのに」って言うて、みんなで「ホンマや！」って笑い合っててんて。

多江 へえ、そうなんですね。なんかかわいらしい奥さんですね。

ママ せやろ？　自分が幸せになるって、そういうことやと思うねん。**自分の幸せを追い求めていくとな、「周りの人も幸せやなかったら、自分も幸せやない」ことに気がつく**んや。そしたら、自然と周りの人に幸せのおすそ分けをするようになるんやな。

多江 でも、ジャニーズのライブに行く奥さんだったら、そんなケースばかりじゃない気もするんですけど。家族に嫌味言われたり、自分一人の世界に閉じこもったり。

ママ そういう人ってライブ中は幸せかもしれんけど、それ以外の時間はどうなんやろ？　家族に壁作って、自分一人の世界で楽しんでてホンマに幸せなんかな？

多江 自分一人の世界だったら幸せかも……って思っちゃいます。それに、同じジャニーズ好きの人が友達にいたら、そこで楽しめますし。

ママ　それはな……罪悪感があるからやねんな。さっき話した奥さんみたいに、純粋に幸せを受け取って喜んでたら自然と分け与えたくなるもんやけど、そのことに**「私ばっかり楽しんでて申し訳ない」**って罪悪感があったら、周りに壁を作って閉じこもってしまうもんなんよ。

多江　そういう心理もあるんですね。でも、私もそうしちゃうタイプかもしれません。

ママ　それは楽しんだり、幸せになることだったりをまだまだ自分に許せてないってことやねんな。もっともっと受け取って、もっともっと喜んでたらええねん。**つまりな、喜び足りひんってことやねん。**さっきの奥さんのこと「かわいい」って言うたよな。無邪気に喜んでたら、周りの人もその雰囲気に巻き込まれて同じようにハッピーになってくるもんなんや。でも、罪悪感を持って喜ばんようにしとったら、周りともギクシャクしてまうんやな。せやから**幸せを感じたら、それを思い切り受け取って喜んどったらええねんよ。**

多江　そうなんですね。罪悪感ですか……。たしかに「自分一人が楽しむのは良くない」って思っちゃいますね。でも、さっきの奥さんみたいに、素直に受け取って喜んでいれば、豪華な晩ご飯作って家族を喜ばせよう、ってなりますもんね。

ママ　そういうことや。それは子育てもまったく同じことなんよ。子どもに気い使って、旦那に気い使って、自分がやりたいことや面白いことを我慢したって、恨みつらみにはなっても、誰も幸せにはなられへん。何より自分に制限かけとるから、自分自身が幸せちゃうからな。子どもに見本見せるためにも、好きなこと、やりたいことやって、幸せでいることがホンマ大事なんやで。これな、**「自分の機嫌を自分でとる」**いうことでもあるんやけどな。愛する家族のために、ホンマ大事な心がけやと思うで。

多江　自分がまず幸せになる、自分のご機嫌を自分でとる、ですね。分かりやすいですね。何でもいいんですよね？　チョコレートを食べる、とか、お風呂にゆっくり入る、とか。

ママ　せやせや。簡単なことでええねん。自分が笑顔になれることをしとったら、幸せな気分になれるやろ？　そしたら、周りの人にもゴキゲンに振る舞えるようになるんやな。せやから、**まずは自分、ちゅうことや。**それが見本にもなるしな。

お母ちゃんが楽しんで幸せそうにしとったら、子どもも「自分もああなりたい」って思うようになるわなあ。

多江　ホンマですね。あ、大阪弁がうつっちゃった（笑）。まず自分、ですね。でも、ママさんと話をして帰ると気持ちが軽くなってるからか、家族みんな機嫌がいいんですよ。それって私がゴキゲンだからなんですね。なんか、自信が持てそうな気がします！

とにかく自分を責めないことが大事

ママ　せやろー。だから、まずはお母ちゃんが、そしてお父ちゃんが幸せでいることが何よりやねん。そもそもな、子どもってのは何かしら問題起こすもんやし、親に心配かける存在やねん。あるお母ちゃんがな、**「心配するのが親の仕事や」**って言ってたんやな。それって親の覚悟やと思うねん。

多江　たしかに、私も娘を心配するのは愛情からだって分かって、むしろ自信が持てるようになりました。

ママ　子どもが不登校になる、友達とケンカする、テストで悪い点取ってくる、情緒不安定になる……なんやかんや問題を起こすんやけどな。**何より大切なんは「私のせい？」って自分を責めへんことやねん。**たとえ原因が自分たち夫婦にあったかて、それを責めるのは違うねん。

多江　自分を責めない……。簡単じゃないけど、大事なことですよね。

ママ　子どもを愛するがゆえに、子どもが何かしてしもたら、自分のせいや、って自分を責めるのが親かもしれんけど、そうやって自分を責めても何も解決せえへんねんな。自分を責めるヒマがあったら、子どもを抱きしめたって、話聞いたって、頭なでたって、「よう頑張ったなあ」って受け入れたったらよろしいねん。

多江　その子のことは叱らなくていいんですか？

ママ　もちろん、時には真剣に怒ることも大事や。子どもがビビるくらいにな。でもな、それはあくまで愛情から来るもんやねん、真剣に怒るいうんは。そこで「**自分**

が悪いんちゃうか？」って親が自分を責めてたらな、子どもに対して真剣にはなられへん。罪悪感に駆られるか、自己弁護になってまう。

多江　真剣に怒るって、難しいですよね……。

ママ　そら難しいで。本気で相手のことを考えてなかったらでけへんことや。けど、子どもに対してはそれは心配無用や。そもそも本気で愛してるもんやさかいな。とにもかくにも、自分を責めたらあかんねや。その自分を責めてる親の姿を見て子どもは罪悪感を覚えたり、悲しくなったりしよるんやで。「自分のせいでお母さんが苦しんでる」なんて嫌やろ？

多江　それはつらいですね。

ママ　私は悪くない！　って強がる必要もないんよ。親も悪くないし、子どもも悪くない。ただ、そういう出来事が起きただけ、っちゅうわけや。もちろん、相手に危害を加えたら、そのことについては謝らなあかんで。でも、大事なんはここ（ハート）や。それくらい追いつめられたのかもしれんし、行き場のない怒りを抱えてたんかもしれん。そうした子どもの気持ちを理解するためにも、自分のせいや、って思い込むのは違うんよ。

「子どもは預かりもの」と考える

多江 近所のママと朝、よく一緒になるんですけど、子どものことをあれこれ心配して口出ししてるみたいなんですよね。「ハンカチ持ったの？ ノートちゃんと入れた？」とか、毎朝のことで。「今日は英会話だから」「今日は学習塾だから」「今日は水泳だから」とか毎日習い事があるみたいで、ほんと大変だなって思っちゃうんです。ちょっと前の私もそうだったかもしれませんけど。

ママ 教育熱心なんは別に悪いことやないと思うけど、最近の子どもは忙しいからな。学校終わって宿題やって塾に行って遅うまで勉強して……残業続きのサラリーマンみたいな毎日やもんな。将来のことを思っての愛情なんやろうけど、ちょっとかわいそうやな、と思うこともあるなあ。

多江　私もそういうふうに思ってましたから。**勉強さえ頑張れば、将来大丈夫って。**これからはそういう時代じゃないんですものね。

ママ　そら、勉強はできひんよりできたほうがええかもしれんけど、それも子どもの個性しだいやな。子どもの頃頑張りすぎて、高校や大学に入ったあとで燃え尽きてもうたら意味ないしな。それにまあ、**自主性は育ちにくいわな。**英会話も、塾も、水泳も、親が良かれと思って始めたことやろし、子どもはそれに従うだけやろ？　そら、楽しいこともあるかもしれんけど、自分で選んだわけやないから、自分のやりたいことや好きなことをやるってよりも、親の言う通りにやるクセがつくわな。そうすると将来は、その親が学校の先生に変わり、上司に変わり、旦那さんや奥さんに変わりってことになるかもしれんしな。

多江　そうやって続いていくんですもんね。私もママさんに教えてもらうまで、意識してなかったですけど**「子どもは私のもの」**みたいな思いがありましたもん。うちの親もそうでしたし、周りの親御さんもけっこうそんなふうに見ちゃってるのかもしれないですね。

ママ　そのバランスは難しいところやな。かといって、何も面倒見ぃひんのもそれはそれで問題やし。まあ、子どもは親の「所有物」ちゃうってことは明らかやな。むしろ**「神様からの預かりもん」**くらいに思っとったらええんかもしれん。

多江　神様からの預かりもの、ですか。なるほど。子どもにも個性があるんですものね。親がそれを潰しちゃうのはかわいそうですよね。

ママ　そうやねん。まあ、子どもへの愛情があるからやねんけどなあ。でも、引きこもりにでもならんかぎり、いずれ子どもは自分のもとを去っていくわけや。それまでの一時預かりみたいな感じで考えられたら、そない過干渉、過保護にならんですむんちゃうかな。

多江　でも、いずれは自分のもとを去っていくって思うと寂しいですね……。分かってはいるんですけど、いつまでも子どもでいてほしいって気持ちはあるかもしれません。うちの娘も最近、友達とよく遊ぶようになって。もちろん嬉しいんですけど、ちょっと寂しくもなるんですよね。親より友達の方がよくなるんですもんね。

ママ　そうやな。そろそろ子離れをし始めなあかんわけや。そのうち親より友達、恋人ってなっていくんやし。だから、そのつもりで心の準備をしていくことやんな。

多江　親より友達、恋人。私も中学生くらいの時には親のことが少し煩わしくなってたのを思い出しました。そう思われるのって、ちょっとつらいですね。

ママ　そうやなかったら困るんやけどな。いつまでも親が最優先やったらな。仲がええのはええことやけど、べったりってのも問題やろ？　前にも言うたけど、大人と子どもの関係から、だんだん大人同士の関係に発展していくものなんや。

多江　そうですよね。子どもは神様からの預かりもの、か。ちゃんと受け止めたいと思います。

夫婦の時間の大切さを意識する

ママ　その寂しさをな、子どもで埋めようとすると、子離れができひんくて、子どもにしがみついてしまうわけやな。

多江　それでペットを飼いたくなるんですね。

ママ　たしかにペットは子どもの代わりになるわなあ。でも、そこが本質でもないんや。

多江　趣味、とか？　子どもとは別に自分の楽しみや喜びを見つけるってことですか？

ママ　それもたしかに一理ある。でも、それはあくまで外の世界で、やろ？　家にいる時の寂しさは消えへんやろ？

多江　とすると……やっぱり夫婦ってことですか？

ママ　そうや。夫婦関係が大事やねん。

多江　そういう意味では、夫の会社が倒産してこっちに来たのは正解かもしれませんね。

そのおかげで夫婦で話をする時間がすごく増えたし、こうしてママさんとも出会えたし。近所にも仲のいい夫婦はいますけど、ほとんどは同居人みたいな感じになってるみたいです。

ママ　「旦那元気で留守がいい」ってやつな。ウチ、子どもの問題は夫婦関係に問題があるて話、よくしとったやろ？　そうするとな、旦那さんも奥さんも、すごく嫌な顔をするんよ。見たくないんやろな、ずっと放置してもうたから。でもな、あるカウンセラーが言うてたんやけど、**「本当の夫婦関係は、子どもが巣立ってから始まる」**て。名言やろ。子どもがおるとな、どうしても夫婦の会話も子どものことになるんや。夫婦の間に子どもが挟まってる状態やな。「子どもはかすがい」って表現もあるんやけど、子どもが巣立ったら、ぽっかり二人の間に距離が空いとることに気づく。そこから本当の夫婦関係が始まるいうわけや。

多江　なんか、気が重くなる話ですね……。**今、夫と二人だけの生活なんて考えられない**ですもん。やっぱり子どもありきの生活になっているんですね。

ママ　子どもは手がかかるさかい、どうしたってお母ちゃんは子ども優先になるやろな。

お父ちゃんはお父ちゃんで仕事優先やし、家には居場所もなくなるし。うちのお客さんでもな、奥さんのグチを言う人はまだうまくやってる方でな、かれこれ長いこと奥さんとまともに口きいた記憶がないって人も少なくないんや。うちみたいな店は、家に帰りたくない人もようさんおるからな。おかげで売上げに貢献してくれとるから、ひそかに感謝してんねんけどな（笑）。

多江 そうですよね。夫婦関係ですか。一度溝ができてしまうと、それを埋めるのはなかなか大変そうですね。

ママ だから、あきらめてもうた人たちもホンマ多いで。「何を今さら」って感じで、お互いにな。せやから、**今のうちに夫婦の時間を作るってことは大事**やねん。最近、二人で出かけたことってある？

多江 ないですね。出かけるとしたら子連ればかりで。

ママ あんたのところは会話があるんやから、たまには子どもを家において二人でランチ行くとか、おばあちゃんとこに子どもたち預けて、夜出かけるとかしてみ。

多江 そうですねー。夫婦で出かけるから子どもを預けるって、お母さんになんて言われるか分かりませんけど（苦笑）。でも、大事なことなんですね。

ママ　せや、できる範囲でかまへんけどな。**日本の夫婦って「パパとママ」になってしまうから、「夫婦」でいることに違和感を感じるようになる**んやな。だから、スキンシップもなくなってな、気がつけばセックスレスになるんよ。でも、夫婦ってもともと他人やから、意識せんとどんどん溝が深くなってしまうんよ。あんたんところは、ちゃんとしてるんかいな？

多江　えっ？　うちですか（笑）。まったくないってわけじゃないんですけど、でも、二人目が生まれてからはずいぶん減りましたね。私はしたい気持ちもあるんですけど、何となくそういう雰囲気にもならなくて……。あんなこともあったから、夫もすごく疲れてましたし。

ママ　最近は奥さんの不倫も増えてるみたいやから、気ぃつけなあかんでー。あんたもまだまだ捨てたもんやないわけやしな（笑）。

多江　分かりました。そんなことになったら大変ですもんね。やっぱり、夫婦で過ごす時間をもっと増やすようにしてみます。

結婚した当初は二人での生活。そこに子どもが生まれると「川の字」という言葉があるように、子どもを間に挟んでの関係が中心になる。

欧米人は「夫婦」が単位だから、子どもが生まれても早くから寝室を別にして夫婦で過ごす時間を意識的に作るが、日本人の単位は「家族」。そのため、子どもありきの生活になる。

どちらが正しい、というわけではないのだが、その結果として、夫婦の間に溝が生まれ、「お父さん、お母さん」となり、そのうちに男と女ではなくなってしまう。


しかし、子どもはいずれ親元を離れていくもの。そうすると、そこでは嫌でも夫婦で向き合わなければならない時期がくる。十何年も見ないようにしてきたとするならば、夫婦関係はすっかりホコリをかぶった状態になっているだろう。子どもを介しては仲良しでも、夫婦二人になると何も会話ができないところも珍しくない。

だから子育てをしつつも、夫婦の時間を作ることはとても大切なこと。もちろん、そこにスキンシップがあればなおいいのだが、まずは二人でデートする時間を確保するところから始めてみてはどうだろうか。

ずっと家にいる奥さんならたまの外出にウキウキできるだろうし、そんな妻を見て、旦那さんも子どもが生まれる前を思い出すかもしれない。

よくおすすめしているのは、独身時代や結婚当初に二人でよく行っていた店や街に行くことだ。

そうして夫婦仲がよくなっていくことも、子どもたちにとってのよい「見本」になることは言うまでもない。

シングルママ、シングルパパの恋愛事情

賢一 先週末、久しぶりに妻と2人で出かけてきたんですよ。買い物に行って、お昼食べるだけやったんですけどね。妻に「ちょっとはマシな服を着て。デートなんだから」って言われたんですけど、彼女も何だかウキウキしてたみたいです。

ママ そら、ええことやんか。どうやった？　ぎこちなかったんちゃうか？

賢一 ホンマ、妻とデートなんて何年ぶりかですから、どうしていいのか分からなかったですよ。大阪時代はときどき仕事を手伝ってもらってましたけど、仕事ですからね。東京来てからは、たしか一度もなかったと思いますし。

ママ まあ、そんな余裕もなかったしな。

賢一 でも、結局はお昼食べながら、子どもの話とママさんの話ばっかりで。その時は切々と夫婦関係の大切さと、子離れの重要さを説明されましたよ。まるでママさ

んの講義を受けてるみたいでした（笑）。

ママ　そら、災難やったなー（笑）。けど、それでもええねん、初めは。**二人で出かけるって事実が大事**やしな。

賢一　でも、ちょっと気になることがありまして。うちは夫婦そろってるからいいんですけど、シングルママやシングルパパの場合はどうなんでしょう？　実は、妻の妹が「離婚するかもしれない」って言ってましてね。妹のところにも子どもが2人いるんで、これからのことが心配やなって。親はやっぱりそろってた方がいいのかな、とも思うんで。

ママ　こんな話があるんよ。**「子どもは笑ってるパパとママが一番好き。でも、パパもママも笑ってないんやったら、ママ一人でも笑ってる方が幸せ」**ってな。夫婦そろってても、仮面夫婦やったり、いがみあったりしとったら、子どもは傷つくねん。それやったら、お母ちゃん一人でも笑顔でいてくれる方が嬉しいんや。もちろん、お父ちゃんでもええけどな。

賢一　そうなんですね。実は、妻からそこのところをママさんに聞いて来いって言われてて（笑）。ちゃんと役目は果たせましたわ。

ママ　そら、夫婦がやり直せるなら、子どもからしたらその方がいいにきまっとるわな。**でも、それで親がどっちもつらい顔しとるんやったら、別れた方が子どものためにもなるんや。**離婚してシングルになって子ども育てるのは大変やけど、今は役所もいろんなサポートをしてくれるし、何とかなるもんらしい。それにバツイチの女は強いで、ホンマ。隣のスナックのママもバツイチで、子どもも3人育ててはんねん。たくましいで、ホンマ。

賢一　そうなんですか。知りませんでした。ママと違って、スラっとした背の高い人ですよね？　金髪の。

ママ　なんやそれ、ウチへの当てつけか（笑）？

賢一　ちゃいますよ（笑）。でも、シングルになったら新しい彼氏とか彼女とか作りにくそうですね。

ママ　今はまあ離婚も珍しくないし、シングル母ちゃん、シングル父ちゃんも多いからな。それはそれでお盛んなところはあるみたいやで。そもそもバツイチてのは人気やしな。

賢一 そうなんですか？　子どもがいるとマイナスになったりしないんですか？

ママ そういう場合もあるわな。でも、大人同士だったら二人で子育てしてこか、いう話もできるわな。むしろ、「子どもがいるなら無理」って人とはいずれうまく行かへんようなるし。でも、やっぱり恋人がいると精神的に違うやんか。一緒に住んでなくてもな。だから、子どもばっかりにならんと、彼氏・彼女作った方がええで、ってうちは言うてんねん。もちろん、その気になったらやけどな。離婚したてで、「もうこりごりやわ」って言うてる人もいてるからな。そない無理することでもないしな。

賢一 たしかに将来のことを考えると、一人でいるより誰かがいてくれた方がいいですね。子どももやがて巣立っていくわけですし。

ママ そうやな。うちのお客さんでな、バツイチ同士でつき合うてる人がおんねんけど、相手の子どもが大学生になったら一緒に住もか、って話になってるんやて。今、下の子が中学生やったかな。まだ先の話やけど。

賢一　子どもをおいて相手のところに走ってまうのは論外やけど、**子どものことをちゃんと面倒見ながらやったら、どんどん恋をしてもいい**んですね。

大人の世界に子どもを誘う

賢一　実は今度、もういっぺん起業することになったんです。もともと持っていた技術もありますし、サービス自体は評価を受けていたんです。それで今の会社の社長が、改めてそのサービスを磨いて世に出してみんか？　って言ってくれまして。社長に融資してもらって、新会社を作ることになりました。今度は東京で勝負してみたいと思ってます。

ママ　そら、よかったやないの。社員バンバン雇って、うちに呼んでえな。そしたら、うちの店も安泰やろ？

賢一　気が早すぎますって（笑）。いうても給料は変わらないんですよ。まだ売り上げも立ってませんし。でも、うまくいったらみんな連れて行きますし、悩んでる奴がいたら、ママに話聞いてもらってこい！　って送り出すつもりです。

ママ　あら、それはありがたい。でも、だいぶ元気になったなあ。1年前はホンマ生きてるか死んでるか分からんかったのにな。ホンマ良かったで。

賢一　妻もカウンセラーに興味を持ち始めて、もう少ししたら勉強始めるって言ってました。ママさん流のカウンセリングをやっていきたいらしいんです。

ママ　そらまたええかげんなカウンセリングを（笑）。ウチがやってることなんて、ホンマたいしたことないで。普通やもん。

賢一　でも、いろいろ教えて頂いて、私も妻も本当に助けられました。娘も学校になじんで友達もできましたし、家族の仲も今までで一番いい感じなんです。

ママ　あんたたち、子どもにもいろいろと話をしとるんやろ？　お父ちゃんの仕事のこととか。それが良かったんやで。子どもも小さいとはいえ、家族の一員や。借金もあるし、仕事も大変やろうけど、子どもには何でも話してあげた方がいい教育になるんや。

賢一 うちはもう、ことがことだったんで話すしかなかったですし、妻が子どもを信頼して話をたくさんしてくれたみたいなんですけど、世の中には「子どもに聞かせる話じゃない」って思ってる人も多いですもんね。

ママ そらまあ、話題にもよるからな。でも、**夫婦の仲が悪いとか、親がお金で困っとるとか、何か問題があるいうんは、子どもは気配で察する**からな。それをひた隠しにしてる姿も、ちゃんと分かっとるんや。家族の一員って認めるんやったら、子どもには事情を話しておいた方がええと思うねん。もちろん、子どもに感情ぶつけたり、面倒見てもらおうとしたりするんは違うと思うけど、子どもに冷静に事情を話すことで、親もまた前向きになれるし、子どもは親に頼られてるって思いが生まれるから自信や成長にもなる。まあ、賛否両論あると思うけど、ウチはそういう考えやねん。

賢一 その方が、家族の絆は深まりそうですよね。

ママ そうや。それは間違いないな。そうやって**子どもを大人の世界に招いてあげるんは、子どもの成長にめっちゃ役立つ**んや。会社に子どもを呼ぶのもそうや。授業参観があるなら、会社参観もあってもいいと思うんやけどな。まあ、大人になりたい！　と思えるわな。それで大人の世界にちょっと遊びに行くことができたら、なおさらその思いは強まるし、親のことも尊敬しやすくなるやろ？　**何よりも親がキラキラ輝いとるのが大事**でな。そしたら、子どもは早く大人になりたい！　と思えるわな。

賢一　親は見本、ですもんね。しんどい状況でも、そこに向き合って乗り越える姿を見せるのが大切な親の仕事ってことですよね。

ママ　あんたたち、こっち来て1年の間にずいぶん変わったやろ？　あんたんとこの子どもは幸せやで。そんな親の変化を目の当たりにできたんやから。きっといい「見本」に見えてると思うわ。せやから、そうして新しいことにチャレンジし続けていくのがええことなんや。

賢一　ありがとうございます。……大人の世界に子どもを招くっていうと、ママさんところに家族で来るってのもアリですかね？

ママ　は？　家族で？　まあ、ええけどなあ。教育にめっちゃ悪そうな店やけどな（笑）。

ママからの宿題

あんたにとって「幸せな人生」って何？ どんなもん？
それを改めて考えてみ。

結婚してる人は夫婦で話する「夫婦会議」の時間を作るようにしてみ。もしできるなら子どもも入れた「家族会議」も別で作ってみるのもおすすめやで。

MEMO

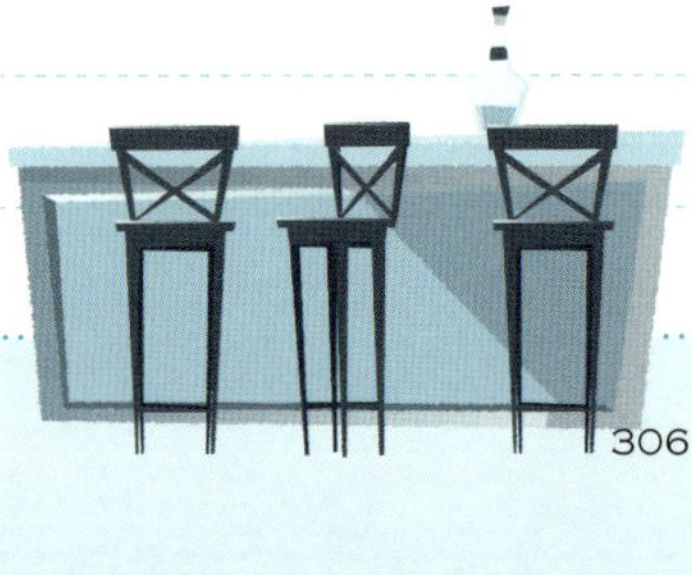

エピローグ

「そういえば、最近ママの店に顔を出してないな」と思いながら、多江は少し前から通い始めたカウンセラー養成スクールの課題に向き合っていた。

もともと心理学には興味があったし、かつての職場でもクライアントの相談に乗って問題解決のアイデアを出すことに喜びを感じていたから、ママが何気なく言った「カウンセラーになったらええやん」の一言に乗ってみたのだ。

安くはない受講料をどうしようか悩んでいたら、あの母親が何も言わずにポンとお金を出してくれた。「そういえば、あんたが自分で何かをやりたいなんて言うの、今までなかったわね」と、相変わらず冷めた表情で母親が言ってくれた瞬間、頭が真っ白になった。今までは母親の期待に応えることばかりを考えて、自分の意志を表現することなんてほとんどなかったことに気づいたのだ。課題の動画の中では講師が、「母親との関係が人生に大きな影響を与える」ということを身振り手振りを入れて語っている。

ママの店に通うようになり、自分軸や自己肯定感の大切さを学んでいくうちに、だんだん母に対して感じていた恐怖心や嫌悪感が薄れていく自分がいた。まだまだ気軽に雑談することは難しいが、必要なことを伝えられるようになったし、母のきつい口調に動揺することもめったになくなった。母が抱えていた孤独感や虚しさなどが何となく理解できるようになったせいもあるし、多江自身、「自分が自分であること」を認められるようになってきたことが大きいだろう。

「子育て専門のカウンセラーになる」という新しい夢を抱くことができたのも、そうした子ども時代のさびしい思いや、母親に認められたくて頑張ってきた時代があったからこそだと、最近は思えるようになった。

タイミングよく、動画の中の講師が「かつてあなたが苦しんできたことこそが才能であり、人に喜びを与えられる源泉なのです」と語っている。「そうだったらいいな」と思いながら、改めて母親との関係について見つめ直している。

「母親に感謝できることを探しましょう」。おそらく2年前だったら何も書けなかったであろうこの課題も、今ならスムーズに書き出せる。

この年になって新たな夢を描けること自体が、幸せだとつくづく感じている。

この春、小学校にあがった真太郎が勢いよく玄関を開けて「おかえり〜!」と言いながら帰ってきた。「そこは『ただいま』でしょ!」というくだりはあのアニメとまったく同じやりとりだ。

同年代の子どもたちと同様、彼もそのアニメの動画を毎日のように見ている。発達が遅れていたことを心配していたのは、ずいぶん前のことだ。「この子はこの子なりでいい」と思えるようになったら、全然そのことは気にならなくなった。それどころか、真太郎は意外と計画的できちんとしたところがあり、おやつを食べながらリビングで宿題を始め、さっさとそれを終えるとDVDをデッキにセットして、もう何十回も見たであろうアニメをまた見始める。

玄関には靴下が脱ぎっぱなしだし、テーブルの上にはやり終えた宿題がそのまま残っていて、食べかけのクッキーのカスもいつも通りノートの上に散らかっているが、「この子はあとでちゃんと片づけるからいいか」と思える多江がいた。

志穂の時はいちいち「宿題! こぼさない! 片づける!」と大声をあげていた自分が、すでに懐かしくもある。

「それは、真太郎をちゃんと信頼してるってことちゃうかな？」

以前賢一にそのことを話したら、まるでママのような口調でそう教えてくれた。

「子どもを信頼する」。難しいことだと思っていたけれど、その子をその子として認めてあげることが信頼ならば、たしかにそう難しいことではないのかもしれない。自分のエゴを押しつけなければ、そこに葛藤は起こらないものなんだ。

彼女がカウンセラーになって、子育てに悩むママたちに一番伝えたいと考えていることのひとつが、その「信頼」だった。


しばらくして、今度は志穂が帰ってきた。

「あー、また真太郎、アニメ見てる！　私だって見たいのあるのに！」と文句を言いながらランドセルを置き、「ああ、また散らかして〜」とテーブルの上の惨状に目をやる。「ママ、真太郎に何も言わないの？」と言いながら、食べかけのクッキーを見て「私もちょうだーい」とねだってくる。

すっかり真太郎の小さいママ気どりだ。そういえば、東京に来た頃には目立っていた関西弁も、最近はすっかり標準語になっている。

「今日学校でね、ゆうちゃんって子がちょっと意地悪されてるみたいだったから、私、助けてあげたんだよ」と、今日の出来事を語りだす。こうなると、スクールの課題どころではない。多江がノートを閉じて「へえ、すごいね」と相槌を打つと、志穂は立て板に水のごとく、さらに詳細に話しだす。

「志穂さー、こっちに来た頃、みんなに言葉が変だってバカにされてたでしょう？　その時すごく寂しくて、悔しくて嫌だったから、クラスで同じようにされてる子を見ると放っておけないんだよね。だから、その子の味方になってあげて、その子をからかってた男子たちに謝らせたんだ。えらいでしょ？」

そういえば、大阪にいる頃、志穂は近所の子どもたちのガキ大将的存在で、そうやってみんなをまとめていたことを思い出した。体の小さい子や大人しい子の味方で、近所の人は「志穂ちゃんがいてくれるおかげで、うちの子は楽しく遊ぶことができてるんです」と口々に言っていて、とても誇らしかった。そう、本来の彼女はそうやって表に立って、みんなを引っ張ることができる存在だったのだ。

思い返せば、多江自身も小さい頃は学芸会で主役を張ったり、いじめっ子の男子たちと張り合って「怖い女！」とか言われていたものだ。

その志穂がふさぎ込んで「学校に行きたくない」と駄々をこねていた時代が懐かしい。そこからまだ2年も経っていないのだ。子どもの変化は本当に早い。あの頃は学校であったことも、自分が感じていることも全然話してくれなかった。それが今では、その当時のつらい気持ちも含めて、何でも話してくれる。当時は、そんな娘の変わりように不安になり、夫の借金のこともあって、これからどうしていいか分からなくなっていた。そんなどん底の頃、あのママと出会ったのだ。

でも、そのママとの出会いがきっかけでこうして新たな夢を抱けるようになったのだから、人生、どこで何がうまくいくのか本当に分からない。

「ママ、私の話聞いてる？」志穂の声に、ハッと我に返った。

「あ、ごめん。ちょっと昔のこと思い出してたの。ママも子どもの頃はけっこうやんちゃで、男子たちとよくケンカしてたなーって」

「そりゃそうだよ。私、ママの子だもん。似てるに決まってるでしょ。でも、ほんと男子たちムカつくんだよ。ゆうちゃんのこと、あれこれ悪口言っててからかって。だから、『ほんとはあんたたち、ゆうちゃんのことが好きなんでしょ？』って言ったらみんな『違うよ』とか言いながら照れてたから、あれはきっと好きなんだよね。男の子は好きな子をいじめるもんね」

志穂は饒舌に続ける。それを聞きながら志穂が生まれた時、「私は母親に話を聞いてもらえなかったから、自分の娘の話にはちゃんと耳を傾けよう」と決意したことを思い出した。東京に来た頃はそんな余裕はなかったし、どう話を聞いてあげていいのかも分からなかったが、それもママが教えてくれたことかもしれない。ママはいろんな話を否定せずにまず受け止めてくれたし、共感してくれた。自分の意見を言う時は「うちはこう思うねん」と自分軸で話してくれる。そのおかげで、今も娘の話にちゃんと耳を傾けることができているのだろう。

なんとありがたい存在だったのか、と改めて思った。もちろん、また志穂から鋭いツッコミを入れられぬよう、その話には最大限意識を向けている。

ひと通り話し終えると「じゃあ、うーちゃんの家に行ってくるね。一緒に宿題するの」と、ランドセルをまた背負って近所の友達の家に行ってしまった。

多江は「嵐のようだわ」とひとりごちて、そろそろ晩ご飯の支度をしようと腰を上げた。まだまだ真太郎はアニメに夢中になっている。この子は何かに集中すると途方もない力を発揮する子なんだな、と再確認した。

多江が夕食の片づけを終えて子どもたちを寝かしつけた頃、少し赤い顔をした賢一が帰ってきた。

賢一は、お客さんの少ない週の初めにママの店に寄り、あれこれ話をして帰ってくる。最近ではすっかり常連として認知されたようで、コップ洗い係、テーブル拭き係、コンビニ買い出し係などの「役職」を任され、喜々として走り回っているという。驚いたことに、ママの店で知り合った人が新会社の最初の顧客になるかもしれないらしい。ママの店の顔ぶれも、なかなか捨てたものじゃない。

少し前、多江が「新会社の設立とかでまた忙しくなりそうだね」と言ったら、賢一は「今の時代、猛烈に働くばかりが能じゃないってのが社長の方針でな、俺が『家も大事にしたい』ていうのを尊重してくれるんよ。だから、残業は原則せえへんようにして、なるべく早く帰れるようにしたいんや。やり方によっては、それでも何とかなるもんやねんな」と答えていた。

この人が、こんなにも家族を大事にする人だとは信じられなかった。

かつて自分で会社を興し、人にだまされて借金まみれになり、東京に来て朝から晩まで働いていた頃の面影はもうほとんどない。借金はまだ残っているものの、返済の見込みも立ってきており、今の社長にもその頑張りや実力が認められて、人間的にもいい関係を築けているようだ。かつて、裏切られて人のことが信じられなくなっていたことが嘘みたいだ。

「今日な、おもろいことあってん」

テーブルに着くとお茶で喉を潤しながら賢一はママの口調を真似て話しだした。

俺が例によってコップとお皿を洗ってたらな、暗い顔した男の人が入って来てん。ママが「はい、いらっしゃい。お客さん、一人？　今、カウンターしか空いてへんけどかまへんかな？　ここ座って。賢一さんの隣。ビールやったら、そこの冷蔵庫から好きなの取って飲んでくれる？　コップはこの人がまとめて洗うてくれてるから、そこから取って」てな。

そういえば、俺が初めてママの店に入った時もそんなふうに迎えてくれたな、って懐かしくなってな。そしたら、そのお客さんな。どうも会社がうまくいかんようになって名古屋から逃げてきたらしいねん。ママも俺の顔見ながら「あれ？　どっかで聞いた話やな〜」って。

それでいろいろとその人が話してくれんねんけど、ほんまかつての自分を見てるようやったわ。全然自分に自信持てんで、家族には罪悪感持ってて、借金もあるらしくて。でも、奥さんが名古屋を離れたくなくて、単身赴任みたいになってんねんて。子どもが受験生いうこともあるし、そもそも奥さんとそないうまくいってなかったみたいでな。俺、全然人ごとに思えんくてな。ずいぶんママと一緒に突っ込んだ話をしてきてん。

ママがことあるごとに俺を指さして「この人もおんなじやってんで」って言うから、めちゃ恥ずかしかってんけどな。

ただ、最後の方でママが「この人も奥さんもな、ほんま最初は暗い顔して、全然笑われへんかってん。今のあんたと同じやな。でもな、今は二人とも笑顔になってな、家族の絆も取り戻してな、この人は今の会社で認められて、新会社の社長になりはるんよ。奥さんは奥さんでやりたいこと見つけて頑張ってるしな。人生捨てたもんちゃうで。あきらめたらあかんで。あんたもこっからまた立ち直って家族を迎えに行ったらよろしいやん。それまでウチがつき合うさかい、ちょいちょい顔出しや」って言うてたんよ。

なんかこれまでの2年くらいの出来事が頭の中よぎってな、思わずグッときてしもてん。「俺と多江は、この人にほんま救われたんやなあ」って。

それをママに言うたらな、「あほか。ウチは何もしてへんがな。あんたらがただ、自分や家族から逃げんと向き合うてきたからやんか。ほんま、できることをコツコツやってきた結果やで。ウチは好き勝手しゃべってただけやがな」って。

それを聞いて、多江も胸に込み上げるものを感じていた。

「ホント、ママさんらしいなあ。でも、ほんと私たち、運が良かったよね。こうして今、普通に暮らせてるんだから。ママのおかげだよね。ありがたいよね」

「せやな、ほんまや。でも、それは多江のおかげでもあると思ってるよ。多江がこうして家族のことをちゃんと考えてあれこれとやってくれたからこそ、今日があるんやと思う。ママにも感謝やけど、多江にも感謝やわ。ほんまありがとうな。そういや、子どもたちはもう寝たんかいな」

夫婦は、二人で寝室の扉をそっと開ける。

そこには、無邪気な顔をしてぐっすり眠る、かけがえのない子どもたちの寝顔があった。しばらくその寝顔に見とれたのち、二人は顔を見合わせてそっと微笑んでゆっくりと扉を閉めた。

根本裕幸（ねもと・ひろゆき）

心理カウンセラー、講師、作家

1972年9月6日、静岡県浜松市生まれ。

1997年より神戸メンタルサービス代表・平準司氏に師事。2000年、プロカウンセラーとしてデビュー。以来、のべ20000本以上のカウンセリングをこなす。

2001年、カウンセリングサービス設立に寄与。以来、14年間企画・運営に従事し、2003年から年間100本以上の講座やセミナーをこなす。

2015年3月退職し、独立。フリーのカウンセラー・講師・作家として活動を始める。

得意ジャンルは、離婚、浮気、セックスレスなどの夫婦問題をはじめ、結婚・恋愛などの男女関係から、職場の人間関係やライフワークなどのビジネス心理、家族の問題、病気や性格に関する問題まで幅広い。分かりやすさと明晰かつユニークな視点からの分析力、さらには、具体的な問題解決のための提案力には定評がある。論理的な側面もある一方、軽妙な語り口でカウンセリングルーム/セミナールームにはいつも笑いが絶えない。

著書に5万部を超えるベストセラーになった『敏感すぎるあなたが7日間で自己肯定感をあげる方法』（あさ出版）、『人のために頑張りすぎて疲れた時に読む本』（大和書房）、『いつも自分のせいにする罪悪感がすーっと消えてなくなる本』（ディスカヴァー21）などがある。本書は、著者初の小説形式で書き下ろした「親」の自己肯定感を育む本である。

◉オフィシャルブログ　https://nemotohiroyuki.jp

子どもの将来は「親」の自己肯定感で決まる

2019年9月30日　初版第1刷発行

著者　根本裕幸
発行者　小山隆之

発行所　株式会社実務教育出版
163-8671 東京都新宿区新宿 1-1-12
http://www.jitsumu.co.jp
電話 03-3355-1812（編集）03-3355-1951（販売）
振替 00160-0-78270

編集　小谷俊介（実務教育出版）
ブックデザイン　華本達哉（aozora）
イラスト　坂木浩子
校正　本創ひとみ
印刷　精興社
製本　東京美術紙工

ISBN978-4-7889-1900-6 C0011